DAS GROSSE SINGLE-HANDBUCH

VERLIEBEN LEICHT GEMACHT

Auf das Leben und die Liebe!

Eva Fischer

DAS GROSSE SINGLE-HANDBUCH

Verlieben leicht gemacht

Impressum:
© 2018 Eva Fischer
2. Auflage

Verlag & Druck: tredition GmbH, Hamburg

ISBN
Paperback   978-3-7469-3829-5
e-Book   978-3-7469-3831-8

Bildrechte:
Dreamstime.com, pixelio.com, Portraits Eva Fischer: Heidi Holten/ festhalten.at

Inhaltsverzeichnis

Vorwort

Ihr Beziehungsstatus ist Single. Anfangs war das ja vielleicht noch ganz in Ordnung, aber nun wollen Sie diesen Zustand beenden. Doch wenn Sie ehrlich sind, gestaltet sich das »Unternehmen Partnersuche« mühsam. Sie verbringen Stunden damit, Ihr Profil zu erstellen, versuchen diese oder jene Onlinebörse, besuchen Single-Partys und halten Ihre Augen grundsätzlich offen. Aber es klappt einfach nicht. Entweder begegnen Ihnen immer nur die Falschen, Sie erhalten gar keine Antwort oder haben das Gefühl, für das andere Geschlecht nahezu unsichtbar zu sein. Manchmal gibt es auch einen verheißungsvollen Beginn, aber dann kommt die kalte Dusche in Form einer Zurückweisung. Und das passiert nicht einmal, sondern häufig oder immer wieder. Je länger diese Phase dauert,umso unsicherer werden Sie. Sie fragen sich: »Was um alles in der Welt ist bloß los mit mir? Bin ich so unattraktiv? Was stimmt nicht mit mir? Warum finde ich niemanden?«

Wenn Ihnen das bekannt vorkommt, hat Ihre Leidenszeit ein Ende. Denn nun gibt es dieses Buch. Eva Fischer beantwortet darin nicht nur alle Ihre Fragen,sondern zeigt Ihnen in diesem umfangreichen Ratgeber auch den Weg zum Glück – frisch, neu, unterhaltsam und informativ. Sie geht darauf ein, welche alten Wunden Sie eventuell heilen sollten, bevor dieses Glück so richtig bei Ihnen Einzug halten kann, hilft Ihnen Überzeugungen zu ersetzen, die Sie blockieren,und arbeitet mit Ihnen an Ihrem Selbstwert. Außerdem gibt sie ganz praktische Tipps: Wo finde ich ihn? Wie komme ich mit der schönen Unbekannten ins Gespräch? Welche Singlebörse ist für mich geeignet? Sie unterstützt bei der Gestaltung des besten Profils, gibt Tipps für die Fotoauswahl und »begleitet« Sie zum ersten Date.

Ich lernte Eva kennen, als ich für einen Artikel über Partnerschaft recherchierte. Wir haben uns von Anfang an sehr gut verstanden und nun sind wir Freundinnen. Sie ist ein toller Mensch und eine wunderhübsche Frau. Sie selbst ist die beste »Werbung« für ihr Buch. Denn ihren Mann hat sie im Netz gefunden und ist bereits seit über fünfzehn Jahren mit ihm glücklich. Mein Herz ist zutiefst berührt, wenn ich die beiden zusammen sehe. Das ist die Liebe, die alle Singles auf Suche finden wollen. Auch Eva und ihr Liebster stehen manchmal vor Herausforderungen. Aber jeder für sich ist stark und zusammen scheinen sie unbesiegbar.

Eva ist Singleberaterin aus Leidenschaft. Sie gab ihren großen Erfahrungsschatz bisher an Klienten, bei Dating-Veranstaltungen, diversen Single-Events und im

Rahmen ihres Rundumservices »DieLiebesFischer« weiter. Nun hat sie diesen Ratgeber geschrieben – zur Information, als Nachschlagewerk und als Unterlage für Lernwillige. Lassen Sie sich also von den vielen guten Ideen und Tipps inspirieren. Und vergessen Sie nicht, Eva zu Ihrer Hochzeit einzuladen :-).

Mag. Sabine Standenat, Klinische Psychologin und Autorin von »So lerne ich mich selbst zu lieben« und »Liebst du dich schon oder quälst du dich noch?« (Kneipp-Verlag)

Einleitung

Ein Buch für alle Singles? Wie soll das möglich sein, ein so umfassendes Thema für völlig unterschiedliche Menschen zusammenzufassen, deren einzige Gemeinsamkeit der sogenannte Familienstand ist? Deshalb wende ich mich in diesem Buch vor allem

- ♥ an Singles, die offen sind für eine neue Liebesbeziehung
- ♥ an die Singles, die zwischen 28 und 70 Jahre alt sind und
- ♥ an diejenigen, die bei Partnerschaft überwiegend an Mann-Frau-Kombinationen denken.

Das heißt nicht, dass jemand außerhalb dieser Kategorisierung keine guten Ideen finden könnte – das heißt nur, dass ich mich in diesem Umfeld am besten auskenne und dort die meiste Beratungserfahrung habe. Es gibt die unterschiedlichsten Leben, Geschichten, Bedürfnisse und Wünsche ... Meine Antwort auf die Frage »Was ist der richtige Weg?« muss daher immer lauten: »Es kommt darauf an.«

Die gute Nachricht ist: Hier sind eine Fülle von Möglichkeiten aufgelistet. Mit einer gesunden Mischung Selbstreflexion und dieser Ideensammlung finden Sie sicher den für Sie stimmigen, guten und einfachsten Weg zur Liebe.

All jene, die sich nach kurzen und längeren Abenteuern sehnen, die von großer Liebe und fester Beziehung nichts wissen möchten, bitte ich, die entsprechenden Abschnitte großzügig zu überlesen – und andersherum. Die Menschen sind verschieden, und das ist gut so! Lesen Sie einfach die Kapitel, die Sie anziehen. Das Single-Leben ist wie eine Reise: Nicht alles, was im Reiseführer steht, ist für alle interessant. Schlagen Sie einfach die Station Ihrer Lebenstour nach, die Ihnen gerade am interessantesten erscheint.

Bei den männlichen und weiblichen Formen habe ich immer wieder gewechselt. Bitte erweitern Sie die Männer- und Frauenrollen, wo es Ihnen passend erscheint. Natürlich sind auch die Namen in den Beispielen aus Respekt vor der Privatsphäre geändert.

Und, wie Sie merken, ich spreche Sie direkt an. Denn ich sehe Sie beim Schreiben vor mir. Es geht nicht um trockene Theorie, die sich an eine anonyme Masse richtet. Es geht um SIE, um Ihr Leben und um Ihr Liebesglück! Da nicht jeder Abschnitt auf Sie zutreffen wird, stellen Sie sich einfach Folgendes vor: Sie sind bei einem Seminar, bei dem ich auch Fragen von anderen beantworte. Sie können entweder »zuhören« oder weiterblättern.

Wenn ich Ihnen zwischendurch Fragen stelle und Sie diese beantworten möchten, dann am besten schriftlich! Die meisten Menschen können strukturierter und effizienter denken, wenn Sie es aufschreiben. Und außerdem ist es interessant, die eigenen Gedanken nachlesen zu können. Sie können sich gerne ein kleines Heft zu diesem Buch anlegen und sich wie in einem echten Seminar verhalten. Auf www.evafischer.at/bonus finden Sie ein Skript zum Selbstausdrucken, das alle Fragen aufgreift und Platz zur schriftlichen und übersichtlichen Beantwortung bietet.

Ich wünsche Ihnen viel Freude und Inspiration und hoffe, dass Sie Ihre Abkürzung zum Liebesglück finden. Genießen Sie die Reise – ich freue mich, dass ich Sie ein Stück dabei begleiten darf!

In herzlicher Verbundenheit

Eva Fischer

Ein Rezept mit drei Zutaten

Wir sehnen uns nach Partnerschaft, weil wir eine besondere Art von Nähe suchen. Ich denke, es ist der Wunsch, sich nach den Verletzungen und Wirrungen des Lebens wieder öffnen zu können, sich zu entfalten und liebevoll angenommen zu werden, so wie wir sind. So wie eine Blume sich der Sonne öffnet, so sehnt sich unser Herz und auch unser Körper nach einer Quelle der Liebe.

Es gibt starke und gute Freundschaften, Menschen, die füreinander da sind, und es gibt erfüllende Sexabenteuer. Die Idee, das alles zu vereinen, manchmal verbunden mit der Idee von Dauer – das ist für mich die Kernsehnsucht. Warum dieser Wunsch mit so vielen Problemen und mit teilweise tiefer Angst umgeben ist, liegt an unserer Geschichte. Babys sind noch völlig offen, strecken ihre Arme anderen Menschen entgegen, verteilen ihr strahlendstes Lächeln. Auf dem langen Weg bis in unser heutiges Erwachsenendasein haben wir viele Zurückweisungen eingesteckt. Die schmerzhaftesten stammen aus den ganz nahen Verbindungen. Und so haben wir uns zunehmend geschützt, um den drohenden Verletzungen zu entgehen. Wie sind nicht mehr bedingungslos offen. Und gleichzeitig erfüllt uns die Sehnsucht nach dieser ursprünglichen »Nacktheit« der Seele. Geborgenheit, Geliebt-Werden und Sicherheit – das lockt uns zur Liebe. Das sind die treibenden Kräfte bei unserer teils unermüdlichen Suche. Und die Suche lohnt sich!

Ich bin Singleberaterin geworden, nachdem ich den Unterschied erlebt hatte. Als ich mich plötzlich in einem Leben mit so viel guter Liebe wiedergefunden habe, da war klar: So ein Glück sollen alle haben!

Daraus ist mein Rezept mit drei Zutaten entstanden:

♥ Erstens der **Herzenswunsch**, also die klare Vorstellung, was Sie erleben möchten.

♥ Zweitens die Fähigkeit, mit den Gedanken und Gefühlen umgehen zu können, die sich in den Weg stellen: **das innere Management von Sehnsüchten und Hindernissen**, mental und emotional.

♥ Und drittens eine Fülle an **Gelegenheiten**. Zu warten, bis der Prinz endlich kommt, das kann 100 Jahre dauern und so viel Zeit haben wir nur im Märchen. Es ist wichtig, Menschen kennenzulernen, es selbst steuern zu können und in den geeigneten Kreisen präsent zu sein. Sich dann noch – und jetzt kommt Marketingsprache – »zielgruppengerecht verkaufen zu können« und sich nicht durch überflüssige Ungeschicklichkeit oder Unwissenheit die Chance zu verderben, das ist das Tüpfelchen auf dem »i«.

Um dieses Rezept dreht sich dieses Buch! Der Visionsteil ist kurz, aber wesentlich. Der Wissensteil ist ausführlich, denn mit dem Kopf können wir Gefühle steuern, außerdem hilft es, unsere Reaktionen, inneren Aufruhr und Verliebtheit einordnen und verstehen zu können. Bei diesen Gelegenheiten möchte ich Sie in unterschiedlichste Richtungen inspirieren und zu Taten ermutigen. Da ist es wie beim Ostereiersuchen: Der Traumprinz oder die Traumprinzessin kann schon ganz nah sein. Wenn Sie nur nachschauen würden ...!

Ihr Herzenswunsch

Unsere Gedanken beeinflussen das Resultat. Versuche mit Placebos haben das deutlich gezeigt und spätestens seit die Quantenphysik erkannt hat, dass das Ergebnis eines Experiments entscheidend davon abhängt, was der Beobachter erwartet, ist die sogenannte »objektive« Wirklichkeit zu einem wandelbaren Raum geworden. (Wer mehr darüber wissen möchte, findet auf YouTube verständliche naturwissenschaftliche Videos unter den Stichworten Welle-Teilchen-Paradoxon.) Unsere Gedanken und Gefühle sind sicher nicht der einzige Parameter, der unsere Zukunft bestimmt, aber ein vielfach unterschätzter und wichtiger Anteil. Und auf diesen Part können wir Einfluss nehmen! Ich finde, das sollten wir zu unserem Wohl nutzen.

Ich mag das Beispiel von einem Segelboot. Egal woher der Wind kommt: Je nachdem wie die Segel gesetzt werden, lässt sich jeder Punkt erreichen. Daher ist es sinnvoll, sein eigenes Ziel zu kennen. Ein klares Ziel gibt Kraft, macht Mut, hilft bei Entscheidungen und macht irgendwie magnetisch für das gewünschte

Ergebnis. Vielleicht spielt da die Quantenphysik eine Rolle, die uns (ein Stück weit) die Wirklichkeit erscheinen lässt, die wir erwarten.

Meine eigene Geschichte verlief sehr deutlich nach meinen Erwartungen:

Als ich erkannte, dass ich mein Liebesleben mit aktiven Wünschen steuere und nicht mehr wie vorher auf dem See des Lebens hin- und hertreibe, war das ein ungeheures Aha-Erlebnis. Zuerst habe ich mir »endlich einmal« einen schönen Mann gewünscht. Ja, da war er: rot-goldene Lockenpracht, sexy Körper – wow! Aber irgendwie wollte er nicht so wie ich Beziehung leben. Er war ein Lebenskünstler, einer, der mehr Freiheit suchte als ich Bindung, und noch bevor es richtig begann, war es auch schon wieder vorbei mit uns beiden. Aha. Die Schönheit hatte mich nicht befriedigt. Jetzt wünschte ich mir einen Mann, der mitten im Leben steht. Der erfolgreich und bindungsfähig ist. Ja, damit wollte ich glücklich werden. Tataa – da war er: deutlich älter als ich, guter Beruf, trotzdem irgendwie cool – und seine vielen Kinder (aus verschiedenen Beziehungen) bewiesen mir seine grundsätzliche Bindungsfähigkeit. Ach ja, ich war in dem Zusammenhang die Geliebte neben der »Hauptfrau«, was mir zu dieser Zeit durchaus angenehm war. Alles wunderbar, bis er mir erläuterte, wie gerne ich angeblich ein Kind mit ihm haben wollte. Das war mir entschieden zu viel der Bindung und der Anstoß für die Trennung, da ich mich in meinem Wesen verkannt fühlte. Weder Schönheit noch »Im Leben stehen« hatten mich glücklich gemacht. Glück – darum sollte es für mich gehen. Jede Erfahrung hat mich näher zu meinem Wunschkern gebracht und dieser Kern lautete: »Ich will mit einem Mann glücklich sein.« Der, der dann kam, sah anders aus als erwartet, stand woanders im Leben als erwartet – und war der perfekt Richtige! Mit ihm bin ich seit vielen Jahren glücklich und sein Eintreten in mein Leben hat einen so gewaltigen und wunderschönen Unterschied für mich gemacht, dass ich durch diese Erfahrung zu einer anderen Frau und zur Singleberaterin geworden bin.

Das ist meine Geschichte mit meinen Wünschen, Ihre kann völlig anders sein. Ich glaube, dass wir die Fähigkeit haben, das Leben mit unserer inneren Ausrichtung zu steuern. Deshalb ist die Vision so wichtig. Egal ob es darum geht, schnelle, spannende und sexuelle Abenteuer zu erleben, mit einer Familie im Haus auf dem Land zu wohnen, den Seelenpartner zu finden: Zuerst kommt die Sehnsucht, dann der bewusste Wunsch und schließlich das Erleben.

Wünsche leisten ihren Beitrag zum Ergebnis genauso wie – ganz gefährlich – Zweifel und Bedenken. Gedanken wie »Das wird nie was!«, »Immer gerate ich an die Falsche«, »Die Guten sind alle vergeben« können Sie getrost auf einem Papier sammeln und mit den Methoden auf Seite S. 70 (hinderliche Glaubenssätze verändern) bearbeiten. Es ist besser, die eigenen inneren Widersacher zu kennen und ihnen zu begegnen, als sich selbst unbewusst immer wieder ein Bein zu stellen, wenn es um das Finden und Gelingen einer schönen Liebesbeziehung geht.

Es ist völlig normal, wenn die Gedanken an eine optimale Zukunft all die »Aber« hervorbringen. Das ist ein hilfreicher, beabsichtigter und reinigender Prozess. Lassen Sie sich davon nicht aufhalten. Sammeln Sie alle auftauchenden Zweifel schriftlich und wenden Sie sich wieder der Vorstellung von Ihrer persönlichen, optimalen Zukunftsvision zu.

Erlebnis: »Ausrichtung«

Das ist die erste Aufgabe, die für manche sonnenklar und einfach ist und die andere fürchten: Was ist Ihr persönliches Ziel, Ihr Herzenswunsch einer Beziehung, einer Affäre, einer Partnerschaft ...? Wie sieht die Beziehung aus, wie fühlt sie sich an, wie schmeckt, riecht oder hört sie sich an? Was möchten Sie erleben und wie nennen Sie das?

Entwurfsversion: ……………………………………

Jetzt überprüfen Sie Ihren Wunsch noch, ob er »gehirngerecht« formuliert ist, und ändern ihn ggf. ab. Ihr Wunsch sollte

💜 positiv formuliert sein, weil das Unterbewusstsein das »Nein« gerne übersieht. (Beispiel: Bei »Ich habe endlich einmal kein Pech in der Liebe« hört das Unterbewusstsein die starken Worte »Pech« und »Liebe« und reagiert entsprechend mit Rückzug. Die bessere Formulierung wäre: »Ich habe Glück in der Liebe.«)

💜 in der Gegenwart stattfinden (Beispiel: vorher: »Ich werde mit einer einfühlsamen, attraktiven Frau an meiner Seite glücklich sein.«; nachher: »Ich bin glücklich mit einer einfühlsamen, attraktiven Frau an meiner Seite.« Das mag ungewohnt oder sogar seltsam klingen, doch mit der Zukunftsversion kann es passieren, dass wir uns vorkommen wie der Esel mit der Karotte, die ihm vor die Nase gebunden wurde: Wir fühlen uns immer kurz davor und doch nie angekommen.)

💜 wesentlich sein. Beschränken Sie sich selbst in der Anzahl Ihrer Worte. Eine Essenz hat mehr Kraft als ein Roman. Nutzen Sie die

Chance, das zu ergründen, was den Kern Ihrer Sehnsucht ausmacht. Außerdem können Sie sich einen kürzeren Wunsch besser merken als eine halbe Seite.

Überarbeitete Version: ....

Ein stimmig gewählter Wunsch setzt Kraft frei. Er öffnet das Herz und in Ihnen schreit es förmlich: »Ja, das will ich erleben!« Wenn Ihr Satz diese Kraft hat, wenn alle Zweifel auf einem eigenen Zettel platziert sind (denen widmen wir uns später) und der Blick auf Ihr Ziel klar und frei ist, dann stimmen der Satz oder das Wort Ihrer Wahl.

Den eigenen Beziehungsleitsatz gefunden zu haben, den Herzenswunsch, die Essenz – das rührt tief. Bitte nehmen Sie sich Zeit für diesen wichtigen ersten Schritt zur neuen Liebe. Mit dem fertigen Satz können Sie ein Plakat malen, ihn als Begrüßung in Ihr Handy einspeichern, ein Schlaf-Shirt bemalen oder den Spiegel im Bad beschriften. Es hilft, diese Vision im Alltag auf irgendeine Art präsent zu haben.

Und wenn Sie merken, dass es eine Umformulierung braucht: Das Leben ist flexibel! Folgen Sie Ihrer Sehnsucht. Das Herz ist der Kompass!

Erlebnis: »Am Ziel sein«

So wie Sie Ihre Sehnsucht in der Gegenwart formuliert haben, so hilft es bei der Verwirklichung, wenn Sie das Ziel schon vorgezogen erleben. Sportler visualisieren beispielsweise ihren Zieleinlauf und die Medaillenverleihung. Mentaltraining heißt das. Das können Sie auch mit Ihrem Wunschsatz anwenden, kombiniert mit Ihrer Sinnesprägung. Menschen haben fünf Sinne, aber nicht jeder reagiert auf jeden Sinn gleich intensiv. Wenn Sie Ihr Ziel erreicht haben, werden Sie es dann sehen, fühlen, riechen, hören oder schmecken? Wie wird es sein?

Als optischer Mensch können Sie sich Bilder ausschneiden, Ihren Kopf mit einer Fotomontage einfügen, ein passendes Poster aufhängen, bereits den Bilderrahmen aufstellen, mit sich und einem Symbol für ihn oder sie daneben.

Kinästheten, die Fühlenden, helfen ihrer Vorstellung vielleicht mit einem Kuschelkissen, der passenden Bettwäsche oder bei Massagen nach.

Geruchsaffine können mit dem entsprechenden Männer- bzw. Frauenduft seine oder ihre Gegenwart schon riechen, andere den Kuss schmecken und der passende Song unterstreicht ihre Sehnsucht (in »The Look of Love« singt z.B. Diana Krall wunderschön gefühlvoll und wissend: »Jetzt, da ich dich gefunden habe«).

Ein Ziel zu haben, beschleunigt den Prozess des Ankommens. Das wünschen sich heutzutage viele Menschen. Weg von A nach B, so rasch wie möglich. Kein Ziel zu haben und sich überraschen zu lassen, was sich unterwegs findet, kann ebenfalls reizvoll sein. Sich einfach treiben lassen, auch diesen Lebensweg kann es geben und er kann sehr befriedigend sein.

Erlebnis: »Ziel kein Ziel«

Möchten Sie die spezielle Qualität von Zielstrebigkeit und von Ziellosigkeit erleben? Beides hat seine Vorteile und ich finde es sehr interessant, die Unterschiedlichkeit zu erforschen. Nehmen Sie sich etwa 20 Minuten Zeit und, wenn verfügbar, eine Moderationsperson, die die Impulse für Sie setzt. Natürlich ist dieses Erlebnis auch für Gruppen geeignet, oder Sie setzen die Wechselimpulse für sich selbst.

Sie gehen ziellos durch einen Raum und nehmen wahr, wie das ist. Nach circa einer Minute klatscht die andere Person in die Hände. Das ist für Sie der Moment, sich umgehend ein Ziel zu suchen und darauf zuzugehen. Sobald Sie das Ziel erreicht haben, wechseln Sie wieder in die Ziellosigkeit. Das wird mindestens 10 Minuten lang mehrere Male wiederholt. Die Zeitabstände können unterschiedlich lang sein, die Ziele können dicht hintereinander folgen und dann wieder mit längeren Pausen. Sie sollten die Gelegenheit haben, den Zustand »ziellos« und »zielstrebig« immer wieder im Wechsel zu erforschen. Beobachten Sie dabei, wie Sie sich fühlen, wie Sie sich verhalten, was Ihnen behagt und was Unwohlsein hervorruft, was sich durch die Wiederholungen verändert und was die spezielle Qualität der beiden unterschiedlichen Aufgaben ausmacht.

Nach Beendigung des Erfahrungsteils schreiben Sie Ihre Gedanken und Gefühle auf oder erzählen sie jemandem, um das Erlebnis zu intensivieren und in der Erinnerung zu verankern. In der Gruppe können die Eindrücke auch mitgeteilt werden – es ist sehr interessant, wie verschieden die Empfindungen sind. Danach wird Ihnen sehr klar sein, was für Sie erstrebenswert und angenehm ist.

♥ Ist Ihre Vision für die nächste Zeit, für Ihr Leben oder für den Weg zur Liebe **Zielstrebigkeit** mit ihrer Qualität von Geschwindigkeit, Klarheit, Aktivität?

♥ Oder lieber die **Ziellosigkeit** mit mehr Offenheit, Im-Jetzt-Leben, auf Entdeckungsreise sein und Präsenz?

♥ Was immer Sie formulieren: Es soll **aus Ihrem Herzen** sprechen! Es tut so gut, der Stimme des Herzens zu folgen. Bitte hören Sie ihr gut zu!

Im folgenden Buchteil wird es unter anderem um gesellschaftliche und individuelle Verhaltensmuster gehen. Es könnte sein, dass Sie Ihren Wunsch nach der Lektüre anders wahrnehmen und abändern möchten. Das Leben ist eine Entdeckungsreise und mit jedem Schritt kann sich unsere Sicht auf die Welt verändern. Fühlen Sie sich frei, an Ihren Ideen festzuhalten oder sie neu zu gestalten!

Gut zu wissen

Was ist Liebe und was ist Verliebtheit?

Eine schwierige Frage, oder? Ich möchte mit der Liebe beginnen. Vielleicht finden Sie Ihre Wahrheit dazu, bevor ich mit meinen Worten Ihre Gedanken beeinflusse ... Denn eine endgültige Lösung habe ich auch nicht zu bieten.

Bei einer Diskussion im Freundeskreis vertrat eine Philosophin die Ansicht, Liebe sei eine Entscheidung und unbedingt von den wilden Emotionen zu trennen, die wie eine Witterung über den Menschen hereinbrechen, ihn in ihren Bann ziehen und irgendwann über kurz oder lang wieder freigeben. Ich protestierte wild, denn Liebe, die sitzt für mich im Herzen, im Gefühl und nicht in einer intellektuellen Handlung. Im folgenden Gespräch kamen wir zu einem gemeinsamen Schluss: Um das Gefühl von Liebe erkennen und von wilden Emotionen abgrenzen zu können, braucht es (manchmal) einen gedanklichen Prozess zur Unterscheidung.

Sammeln wir kurz die Begrifflichkeiten, die manchmal auch genau gegengleich verwendet werden. Wichtig ist mir hier der unterschiedliche Inhalt.

Gefühle (enthält »fühlen«) sind unmittelbar, sie werden direkt und frei von Bewertung sinnlich übermittelt. »Der Tee ist heiß«, »Die Tasche ist schwer«.

Unabhängig vom Grundgefühl kann ich durch Bewertung zu völlig anderen »Gefühlen« kommen, die ich hier, um sie unterscheiden zu können, Emotionen nenne. **Emotionen** – von lat. »ex« (aus) und »motio« (Bewegung) – beinhalten eine gedankliche Bearbeitung. Aus dem heißen Tee wird hier positiv ein »Ah, der Tee ist wohltuend heiß, weil es draußen kalt ist« oder ein weinerliches »Der Tee ist heiß, ich habe mir die Zunge verbrannt«. Emotionen sind diejenigen Gefühle, die mit Erinnerungen, Erlebnissen und Gedanken verknüpft sind.

Welches Wort auch immer Sie welcher Bedeutung zuordnen, der große inhaltliche Unterschied bleibt umgangssprachlich unberücksichtigt. Mir ist wichtig, dass Sie den Unterschied erkennen zwischen dem direkt erlebten Gefühl und der bewerteten, gedanklich bearbeiteten Emotion.

Exkurs: Leiden und Bewertung

Übrigens, wenn wir schon bei philosophischen Betrachtungen sind: Leiden ist nur möglich in der Kombination mit Bewertung. Reines Fühlen ist in der Gegenwart – es ist einfach, wie es ist. Da fühlt sich das Herz plötzlich schwer an, da krampft sich der Bauch zusammen, da tanzen Schmetterlinge im Zwerchfell – es ist einfach so. Manchmal schüttet das Gehirn die passenden Hormone zum Gefühl aus. Ganz unmittelbar! Wenn ich mich in einem fremden Raum unwohl fühle, und plötzlich höre ich einen Knall, dann bekomme ich einen Schreck und die passenden Hormone bringen mich in äußerste Alarm- und Fluchtbereitschaft. Wenn ich jedoch feststelle, dass nur ein harmloser Besen umgefallen ist, dann beruhigt sich mein Nervensystem in Kürze wieder. Es dauert ungefähr ein bis zwei Minuten, bis die ausgeschütteten Botenstoffe wieder abgebaut, sprich: neutralisiert sind. Wenn kein äußerer Anlass neue Hormone fließen lässt, dann heißt das beim gesunden Menschen: Ich bin einzig und allein selbst dafür verantwortlich, wenn ich den Einfluss von Stress oder Verliebtheit oder ... aufrechterhalte.

Diese Bindung an eine Emotion in der Praxis aufzuheben, das ist wieder ein eigenes und nicht immer einfaches Thema. Doch möchte ich Sie hier hellhörig machen, dass wir selbst verantwortlich für viele innere Prozesse sind. Statt wie ein Treibgut im Meer vom Wind des Schicksals hin- und hergerissen zu werden, macht das bewusste Erkennen und Annehmen der »Lebenswinde« uns zum Kapitän auf unserem Lebensschiff. Im Lauf eines reflektierten (Liebes-)Lebens kommen eine Menge von Erfahrungen zusammen, die uns die Fahrt zunehmend souverän und sicher meistern lassen.

Fest steht: Jeder Mensch hat von Kindheit an seine Erfahrungen mit der Liebe gemacht: angenehm, unangenehm und meistens wechselvoll. Um hinter all den Emotionen die reine Liebe aufzuspüren zu können, hilft es uns, im ersten Schritt wachsam zu werden für die reinen Gefühle, denen wir im Alltag begegnen.

Erlebnis: »Fühlen«

Finden Sie ein einfaches Gefühl, dass Sie jetzt erforschen möchten und das Sie gut kennen. Beispielsweise Langeweile, Hunger, Unruhe, Anspannung, Einsamkeit, Sehnsucht, Neugier, Müdigkeit usw. Haben Sie Ihr Versuchsgefühl »XY« gefunden? Dann geht es weiter:

Nehmen Sie eine neutrale, wissenschaftliche Haltung ein und versuchen Sie, nur das bewertungsfreie Grundgefühl »XY« wahrzunehmen. Am einfachsten ist das, wenn Sie Ihren eigenen Körper erspüren.

Lesen Sie die drei Fragen und schließen Sie dann die Augen, um sich optimal auf das Körpergefühl konzentrieren zu können. Die Fragen dienen nur Ihrer Inspiration und es ist unwichtig, ob sie »ordentlich« beantwortet werden. Hauptsache, Sie sind auf Entdeckungsreise!

♥ Wie fühlt sich Ihr Körper an, während Sie »XY« fühlen?

♥ Bemerken Sie Wärme/Kälte, Leichtigkeit/Schwere, Anspannung/ Entspannung?

♥ Formulieren Sie Ihre Entdeckungen (z.B. »Ich fühle, dass mein Kiefer angespannt ist«, »Ich fühle die Schwere meiner Arme«, »Ich fühle, wie mein Bauch sich hebt und senkt«)

Wie war das Erlebnis »Fühlen« für Sie? Leicht, schwer, unangenehm, angenehm? Jetzt dürfen Sie bewerten und reflektieren, sich selbst beobachten und jede Schlussfolgerung ziehen.

Mir tut diese Fühlübung im Alltag sehr gut, um wieder zu »landen« und die Gedanken zu beruhigen. Um nach einem »Reset« wieder neu starten zu können. Ihnen vielleicht auch ...

Das war die Vorübung zur reinen Liebe! Wir kommen zum Zieleinlauf und nehmen uns gleich das für mich angenehmste Gefühl der Welt her: die bedingungslose Liebe! Ui, was ist das schon wieder? Immer und immer wieder sind Menschen in meinen Coachings gerührt, wenn ich ihnen die Idee näher bringe, sie könnten bedingungslos geliebt sein. Nicht: Ich liebe dich, weil du so schön, stark oder klug bist. Nicht: Ich liebe dich, weil du so geschickt, aufopferungsvoll, verfügbar oder reich bist. Nein!

Bedingungslose Liebe heißt: Ich liebe dich um deiner selbst willen, ich habe Freude an dir, mit allem, was dich ausmacht. Ich sehe deine Einzigartigkeit und ich liebe alles daran!

Ah, da wird einem doch gleich warm ums Herz, oder? Tut es nicht gut, so etwas zu hören? Wirkt diese Vorstellung unglaubwürdig? Oder schmerzt es, weil es so weh tut, bisher immer darauf verzichtet und sich den Wunsch sinnbildlich schon aus dem Herzen gerissen zu haben? Was immer Sie fühlen: Fühlen Sie das reine Gefühl und lassen Sie es da sein. Wo im Körper bemerken Sie es? Was auch immer es ist, es gehört zu Ihrer Geschichte. Und vielleicht ist jetzt die Zeit für heilsame Veränderungen.

Erlebnis: »Bedingungslose Liebe«

Für wen oder für was empfinden Sie bedingungslose Liebe? Egal ob lebendig oder schon verstorben, ob Mensch oder Tier, Pflanze oder Puppe, finden Sie etwas, wo Sie aus vollem Herzen sagen können: »Ich liebe dich, mit allem was dich ausmacht, mit deinen Fehlern und mit deinen Stärken. Ich nehme dein Wesen wahr und ich habe Freude an dir und Zuwendung für dich. Ich empfinde Liebe und Hinwendung für dich, die weitgehend unabhängig davon ist, wie du dich verhältst.« Gibt es so jemanden, gibt es so etwas?

Auch wenn Ihnen Ihre bedingungslose Liebe nicht ganz perfekt vorkommt, egal: Nehmen Sie die beste, die Sie haben! Das stärkste gute Gefühl, dass Sie aussenden können.

Jetzt lehnen Sie sich zurück und fühlen das Gefühl für dieses andere Wesen so deutlich, wie Sie können. Wenn Sie es genau spüren, erst dann lesen Sie den nächsten Satz.

Jetzt stellen Sie sich vor, wie jemand einen Spiegel aufstellt und dieses schöne Gefühl auf Sie selbst zurückwirft oder wie jemand es Ihnen zusendet. Schließen Sie noch einmal die Augen und fühlen Sie, wie Sie mit dieser bedingungslosen Liebe bedacht werden.

(Hinweis: Für manche Menschen ist das ganz einfach, bei manchen ist es förderlich, wenn sie sich in direkter Abfolge mehrmals die drei Schritte vorstellen: 1. Liebe senden, 2. Spiegel aufstellen, 3. Liebe empfangen.)

Neurobiologie der Verliebtheit

Heftige Verliebtheit, krank sein vor Liebe – ist es nicht das, wovon die Filme und Märchen schwärmen? Viele Menschen deuten diesen Zustand als Beweis für wahre Liebe. So muss es beginnen, damit es »richtig« ist. Ich muss leider mit einigen Fakten aufwarten ...

Limerenz ist das Fachwort für heftige Verliebtheit. Dabei sind jene Gehirnregionen höchst aktiv, die auch biochemisch für den biologischen Trieb zuständig sind. Der innere Chemiecocktail besteht aus Dopamin, das für Euphorie sorgt, aus Adrenalin, das für Aktivierung steht, aus Endorphinen, die Glücksgefühle auslösen, und Cortisol, zuständig für ein tiefes Wohlbefinden. Im Gegenzug treten Entzugserscheinungen bis hin zur Verzweiflung auf.

Wikipedia erklärt: »Die sexuelle Lust ist erhöht (Testosteron sinkt bei Männern, steigt bei Frauen) und auch Sexualduftstoffe (Pheromone) werden vermehrt abgegeben. Hingegen sinkt der Serotoninspiegel stark ab, wodurch der Zustand der Verliebtheit in diesem Punkt eine Ähnlichkeit mit vielen psychischen Krankheiten aufweist. Das trägt dazu bei, dass Verliebte sich zeitweise in einem Zustand der ‚Unzurechnungsfähigkeit‘ befinden können, sich dabei zu irrationalen Handlungen hinreißen lassen und Hemmschwellen abbauen. Nach einiger Zeit (wenige Monate) gewöhnt sich der Körper an diese Dosen, und ganz allmählich (laut WHO maximal nach 24 bis 36 Monaten) beendet das Gehirn diesen sensorischen ‚Rauschzustand‘.«

Und weiter: »Der Begriff Limerenz wurde 1979 von Dorothy Tennov, einer amerikanischen Professorin für Verhaltenspsychologie, mit ihrem Buch ‚Love and Limerence‘ eingeführt. Der Begriff beschreibt einen extremen Zustand der Verliebtheit, der bereits mehr ist als das berühmte ‚Kribbeln im Bauch‘ und die damit verbundenen Verhaltensmuster. Der Zustand der Limerenz ist gekennzeichnet durch

- ♥ ein stetiges, geradezu besessenes Denken an die geliebte Person,
- ♥ die sehnsüchtige Hoffnung auf Erwiderung der Gefühle,
- ♥ die ständige Furcht vor Zurückweisung,

♥ die Ausblendung negativer Attribute die geliebte Person betreffend,

♥ die Fokussierung der Sinneswahrnehmung auf Dinge und Vorfälle, die sich auf die geliebte Person beziehen,

♥ sowie Schüchternheit und Unsicherheit in Anwesenheit der geliebten Person.

Limerenz geht bei erfolgreichem Zustandekommen einer Beziehung in Liebe über; bleibt die Limerenz einseitig und wird sie nicht erwidert, klingt der Zustand selbstständig ab.« (Wikipedia 2013)

Manchmal platzt die Seifenblase der Verliebtheit, wenn die geliebte Person verletzend ist. Dann schwenkt die Verliebtheit in Wut und Ärger um, bis die früheren Gefühle »neutralisiert« sind.

Klar ist, Verliebtheit wirkt wie eine starke und heftige Droge. Manche Menschen sind regelrecht süchtig nach diesem Kick. Und bedingungslose Liebe, dieses Gefühl aus der Erlebnisreise vorhin? Eine völlig andere Qualität!

Was auch immer Sie suchen: Es braucht nicht in der romanüblichen Reihenfolge Limerenz – Liebe ablaufen. Verliebtheit allein ist kein Garant für echte, tragfähige Liebe. Und Liebe kann auch ohne Limerenz-Hormoncocktail »wahr« sein.

Interessant finde ich eine Forschung an indischen Paaren. Es gibt dort eine breite Mittelschicht, die sehr ähnlich sozialisiert ist. Mit einem Unterschied: Manche Paare heiraten selbst gewählt, andere Ehen werden von den Eltern arrangiert. Befragungen haben ergeben, dass die verliebten Paare in den ersten Ehejahren glücklicher waren als die vermittelten Ehen, später waren die arrangierten Ehepaare glücklicher.

Meine persönliche Meinung ist: Verliebtheit ist ein schönes Gefühl, und ich befürworte, dass auch der Körper positiv auf das Gegenüber reagiert. Andererseits glaube ich, dass die Rolle der Verliebtheit, der plötzliche Limerenz-Schock, den es angeblich braucht, überbewertet wird. Je aktiver die biologischen Triebe sind, desto leichter kommt das entsprechende Gehirnareal in Schwung. Für Sex und erfolgreiche Fortpflanzung ist das sicher eine gute Messlatte. Für bedingungslose Liebe und für einen harmonischen Alltag (wie ihn sich manche wünschen) sind andere Kriterien wesentlicher.

Wie wir wählen und gewählt werden

Eine komplexe Mischung aus Gedanken, Gefühlen und Instinkt steuert die Entscheidung, wen es zu wem hinzieht. Und dann die Krönung: Es muss auch noch in die umgekehrte Richtung passen! Unglaublich, dass sich trotzdem immer wieder Paare finden bei so vielen Einflüssen ...

Ob es sinnvoll ist, das verstehen zu wollen – ich weiß es nicht. Was ich jedoch weiß, ist, dass Menschen ihre Entscheidungen unterschiedlich gewichtet in Bezug auf Gefühle, Gedanken und Instinkt aufbauen. Manchen täte es gut, hin und wieder etwas mehr nachzudenken, und andere würde ich ermutigen, mehr auf ihr Bauchgefühl zu hören.

♥ Sie wissen, was bei Ihnen sinnvoll wäre? Mehr denken, mehr fühlen, mehr »wittern« oder funktioniert Ihr individueller Mix bereits gut?

Ich möchte in diesem Abschnitt Klarheit in die Mechanismen der Partnerwahl bringen. Vielleicht entdecken Sie bei sich überholte Kriterien und gehen freier in den nächsten Liebesabschnitt oder Sie fügen Ihrer Suche neue Ideen hinzu. Dieses Wissen ist ebenfalls hilfreich, um Ihre eigene Anziehungskraft gezielt zu verbessern. Wie genau das funktioniert, dem widmen wir uns im nächsten Kapitel.

Lassen Sie uns zuerst einen Blick auf die vielen Schichten der Anziehung und Ablehnung werfen, denen Sie innerlich folgen und von denen Ihr Gegenüber geprägt sein kann. Und bitte fühlen Sie sich nicht persönlich gekränkt, wenn jemand das, was Sie ausmacht, nicht schätzt. Geschmäcker sind verschieden, auch wenn das oft irrational oder gar dumm erscheint. Wer Ihre Besonderheit nicht erkennt, kann nicht der oder die Richtige sein!

Optimal gleich und verschieden

Wir alle suchen nach der persönlich idealen Mischung von Gleichheit und An-dersartigkeit. Das ist nichts Neues, aber schwer zu durchschauen. Gut, dass un-ser Gefühl ein klarer Sensor ist für diese komplexe Mischung, die sicher keine Formel ausrechnen könnte. Manche Partnerplattformen behaupten dennoch von sich, den mathematischen Schlüssel zu kennen, und machen auf Grundlage von Persönlichkeitstests Vorschläge für ideale Kombinationen. Als Basisauswahl im Überangebot ist das durchaus geeignet.

Gleich und gleich gesellt sich gern

Die Chemie muss stimmen! Die moderne Menschheit ist weit davon entfernt, Partnerschaftsentscheidungen rein auf der Witterung aufzubauen. Dennoch schwingt unser Urtrieb mit, indem wir auf Pheromone reagieren. Pheromone sind Hormone, die als Nachrichtenübermittler dienen und die beispielsweise die Paarungsbereitschaft anzeigen. Ein Zungenbrecher aus der Gentechnik ist der Haupthistokompatibilitäts-Komplex (MHC), über den wir wissen, dass er den Geruch beeinflusst und wie wir das beurteilen. Frauen reagieren beispielsweise auf Männer, deren Gene sich von den eigenen stark unterscheiden. Das fördert, biologisch betrachtet, die Entstehung von gesunden Kindern mit starker Immun-abwehr. Laut Wikipedia kehrt die Pille diesen Effekt um, weil die (Schein-)

Schwangerschaft die Frau ähnliche, familienzugehörige Gene bevorzugen lässt. Es heißt auch, der Speichel beweist, ob ein Paar biologisch zusammenpasst. (Ob daher der Wunsch nach Küssen bei frisch Verliebten so stark ist?)

Die Menschheit hat sich auf dieser Welt so stark vermehrt, dass ich nicht daran zweifle, dass die Natur ihre evolutionäre Arbeit gut macht. Sich pur riechen zu wollen, in animalische Triebe zu verfallen, Sex zu zelebrieren: Die einen sehnen sich danach, andere ekelt diese Vorstellung. Das ist Geschmackssache und sicher finden Sie ein passendes Gegenüber. Hier sollten Sie nach Gleichheit streben oder nach inspirierender Andersartigkeit. Zu große Unterschiede in der Wertschätzung der Triebe frustrieren beide Seiten.

Wer mehr als heiße Stunden sucht, darf gerne Gefühle und Verstand zuschalten. Völlig klar ist: Instinktiv aufeinander abzufahren ist noch lange kein Garant für gelingende Beziehungen. Beim Kennenlernen scannt unser Unterbewusstsein das Gegenüber auf irgendeine Art und fühlt als Schlussfolgerung Ablehnung oder Anziehung. Zusätzlich zur Ebene der Chemie kommt die Sympathie.

Sympathie ist die aus gefühlsmäßiger Übereinstimmung entstehende Zuneigung. Sie ist eine intuitive Entscheidung, die auf vielfältigen Einflüssen aufbaut. Unser innerer Computer prüft umgehend Bild, Ton und Ausstrahlung auf Gleichheit und Verschiedenheit, auf abgespeicherte positive wie negative Erinnerungen und Kriterien. Deshalb sind wir bei den passenden Menschen oft sprachlos und benehmen uns wie Schlafwandler. Das liegt daran, dass bei vielen Übereinstimmungen unser »Arbeitsspeicher« überfordert ist. Hatten Sie auch schon einmal bei einem Computer das Erlebnis, dass er aus Überlastung zeitweilig nicht mehr bedienbar war? Wenn Ihnen das bei einem Menschen passiert, ist das grundsätzlich ein gutes Zeichen! Sagen Sie doch einfach ganz entspannt die Wahrheit: »Eigentlich verhalte ich mich normalerweise ganz anders, aber du scheinst mich irgendwie aus der Bahn zu bringen. Ist das bei dir immer so?«

Die einfache Partnerwahlformel lautet: **mehr Übereinstimmung, mehr Sympathie!**

Leider funktioniert das auch, wenn wir nur glauben, dass es viele Gemeinsamkeiten gibt, egal wie es wirklich ist. Das ist natürlich längst bekannt und wird manchmal ausgenutzt. Das gleiche Getränk bestellen, dieselben Interessen vorgeben usw. Falls Sie je darauf reingefallen sind: Feiern Sie Ihre Ent-Täuschung als Erfolg. Das Leben ist vielfältig und Sie sind nachher sicher klüger als vorher. Nächstes Mal fragen Sie nach, wo er denn Golf spielt und welche Geschichtsvorlesungen sie besonders gerne besucht hat. Oder Sie zügeln Ihre eigene Fantasie und warten ab, ob aus dem Prinzen wieder ein Frosch wird. Kennenlernen dauert ein bis zwei Jahre. Sie können sich Zeit lassen.

Einen wichtigen Stellenwert bei der Sympathiediagnose macht die Ausstrahlung des Gegenübers aus. Ausstrahlung ergibt sich daraus, wie ein Mensch sich fühlt und welche Auswirkungen das auf Körpersprache, Haltung, Blick, Stimme, evtl. Geruch und sein Energiefeld hat. Kurzum die Gesamtheit aller Eindrücke. Sogar ohne Worte und rationale Informationen erkennen Menschen diese Parameter. Als angenehm wird die Ausstrahlung von Menschen empfunden, die mit sich im Reinen sind, die sich selbst mögen, die mit ihrem Leben zufrieden sind, die gesund sind usw.

All die bisher geschilderten Eindrücke sammeln wir unbewusst und ziehen unsere intuitiven Schlüsse. Doch langsam erweitern wir die Skala auf Gedanken, Wissen, Erwartungen. Als anziehend empfunden wird eine breite Basis Gleichheit in den Bereichen Werte, Kultur, persönliche Geschichte, Herkunft und soziale und emotionale Prägung. Die Beispiele dafür sind so vielfältig wie das Leben: gleiche Ausbildung, Wertlegen auf Integrität oder Lebenslust, ein Gegenüber, das sich ebenfalls von einer schweren Trennung erholt oder mit Sucht kämpft, ähnliche Familiengeschichten, Elternschaft, Glaube, Modebewusstsein und vieles mehr.

- ♥ Was wünschen Sie sich an wesentlichen Gemeinsamkeiten?
- ♥ Gibt es bei Ihnen Kriterien, die für umgehende Sympathie sorgen?

Selbstverständlich sind wir alle auch tolerant. Wenn viele Übereinstimmungen für Anziehung sorgen, dann sind Menschen schnell bereit, einen wichtigen Wert hintanzustellen, sofern der Partner Verständnis dafür aufbringt und das Opfer wahrnimmt. Hauptsache, das Gleichheitsfundament steht.

Gegensätze ziehen sich an

Zu dem breiten Gleichheitsfundament gesellt sich die ideale Prise Unterschiedlichkeit, damit wir menschlich wachsen und mit der Spannung spielen können.

Mann und Frau: Selbstverständlich ist das der Gegensatz, der uns zueinander führt. Aus sexuellen Gründen und dann durch die männlich-weibliche Dualität. Jeder Mensch hat beides: sogenannte männliche und weibliche Anteile, die nach Ergänzung streben und die unabhängig vom biologischen Geschlecht sind. Die Begriffe »männlich« und »weiblich« übernehmen hier eine Schubladenfunktion für eine ganze Fülle von Eigenschaften. Eine andere polare Definition stellt das chinesische Yin und Yang dar, das grafisch deutlich macht, wie wir aus beiden Anteilen bestehen. Yang steht für männlich, aktiv, hart, differenzierend, während das Yin mit Eigenschaften wie weiblich, passiv, weich, verbindend besetzt ist. Ohne Wertung, nur um real existierende Kräfte aufzuzeigen, die sich gegenseitig bedingen. Keine Ebbe ohne Flut, keine Häuslichkeit ohne Abenteuerlust, keine Sehnsucht nach Zweisamkeit ohne die Erfahrung von Einsamkeit.

In dem wunderbaren Buch »Einfach typisch« werden die Menschen in vier Temperamente unterteilt. Ich erkenne darin die Kräfte Aktiv-Passiv und Kopf-Bauch-Steuerung. Nur ganz bruchstückhaft eine grobe Skizze dieser vier Typen:

♥   **A-B** »Sanguiniker«: der Hit auf jeder Party, unterhaltsam, und nicht ganz so genau

♥   **A-K** »Choleriker«: ideale Führungspersönlichkeiten und manchmal etwas aufbrausend

♥   **P-K** »Melancholiker«: ordentlich, genau – ideale Buchhalter, aber auch kritisch und verschlossen

♥   **P-B** »Phlegmatiker«: die Friedlichen, Genügsamen und eher Unauffälligen

Natürlich können wir alle auch aus Mischungen bestehen. Das ist nur ein Hilfsschema, das Unterschiedlichkeiten erklärt. Und das Synergien klarmacht!

Wie ideal, wenn ein geselliger, lustiger Mensch sich mit einem eher ruhigeren Typ zusammentut. Im Tausch gibt es Schwung gegen In-sich-Ruhen. Wunderbar, wenn eine Macherin auf einen trifft, der sie machen lässt, und ein Drama, wenn beide bestimmen wollen. Perfekt, wenn ein Denker eine sinnliche Frau hat, die seine Gefühle fördert und ihn organisieren lässt. Sehr schön auch, wenn eine verantwortungsbeladene Führungskraft mit Witz und Leichtigkeit beschenkt wird und andersherum Halt und Stabilität wohltun.

Eine weitere Nuance von Oppositionswahl ist, dass wir uns am stärksten dort verlieben, wo wir innerlich am heftigsten nach Ausgleich begehren.

Franz hatte seit Jahrzehnten keine Frau und fühlt sich alt. Er verliebt sich - gegensätzlich zu seinem Innersten - in junge Frauen, die eine frische, lebenslustige und sexuell aktive Ausstrahlung haben.

Martha ist Sekretärin mit einem eintönigen Leben und völlig fasziniert von Männern, die unkonventionell sind.

Holger ist in seinem Leben oft umgezogen. Bei ihm beginnt das Herz zu schlagen, wenn eine Frau Wurzeln hat und Bodenständigkeit ausstrahlt.

Bei manchen dieser Wünsche würde ich vorschlagen, die entsprechende Qualität in sich selbst zu entwickeln und zu fördern. Es gibt die Falle, dass wir im Außen das suchen, wovor wir uns im Inneren fürchten. Es spricht nichts dagegen, dass uns eine Partnerin, die diese Eigenschaft mitbringt, dabei behilflich ist. Wenn Sie jedoch bei der Suche scheitern, dann kann das ein Hinweis sein, sich besser nach innen zu wenden oder Ihr Leben selbst aktiv hin zu dieser Qualität zu verändern, statt auf einen Partner zu warten, der Sie mitreißt.

Wichtig bei der Verschiedenheit ist das gewisse Etwas an **Bewunderung**, das wir uns für unseren Partner wünschen. Ob Liebe aus Wertschätzung entsteht oder aus Wertschätzung Liebe – ich weiß es nicht. Er oder sie soll auf jeden Fall für uns bewundernswert sein. Das kann heißen: göttlich, überirdisch oder ganz einfach eine Nuance Besonderheit. Das ist für uns alle eine große Chance, denn in jeder Biografie steckt etwas Besonderes, in jedem Charakter und in jedem Gefühlsleben.

- ♥ Wo tut Ihnen ein Gegenpol gut? Von welcher Andersartigkeit sind Sie angezogen?
- ♥ Was bewundern Sie an anderen und was davon wirkt »sexy« auf Sie?
- ♥ Und was sagt das über Sie aus?

Das Rezept: eine große Basis Gleichheit (die Größe richtet sich nach der Wichtigkeit im Leben, nicht nach der Anzahl) und eine Prise Verschiedenheit, damit wir einander zur Ergänzung brauchen. Fragen Sie sich bei großer Verschiedenheit, ob die Gemeinsamkeiten tragfähig sind.

»Auch wenn die Zutaten stimmen, ist noch nicht der Kuchen da.« (Hilliard)

Die Rolle unserer Eltern bei der Partnerwahl

80 % der Menschen haben gute Erfahrungen mit ihren Eltern gemacht. Wir wählen daher einen Partner oder eine Partnerin, die dem gegengeschlechtlichen Elternteil gleicht. Da kann der nette Herr mit Glatze und Bauch unbewusst plötzlich einige Pluspunkte beim Kennenlernen verbuchen oder die vollschlanke Bäuerin sorgt für Wiedererkennung und gute Gefühle.

Oppositionswahl findet statt, wenn schlechte Erfahrungen oder zu viel Nähe prägend waren. Dann kommt der Wunsch nach dem Gegenteil auf.

- ♥ Blicken Sie einmal zurück auf Ihre (Ex-)Angebeteten: Finden Sie Parallelen, die mit Ihren Erfahrungen im Elternhaus zu tun haben?

Medien und Märchen

Christian Thiel schreibt: »Der häufigste Grund, warum Singles bei der Partnersuche scheitern, sind ihre unreflektierten und unbewussten Liebesideale.« Fast alle unsere romantischen Vorstellungen sind von Hollywood und Co. geprägt. Die Darstellerinnen und Darsteller sehen immer überdurchschnittlich gut aus (sonst wären sie nicht im Schauspielgeschäft) und die Filme hören meistens dann auf, wenn der Alltag beginnt. Paare, die zusammenpassen, erkennt man bereits an harmonierenden Haarfarben und der Größenunterschied ist normgerecht.

Auf meiner eigenen Website hatte ich Fotos von Paaren abgebildet. Darunter waren auch ein schwules Paar und ein älterer Herr, der mit einer deutlich jüngeren, südamerikanisch anmutenden Frau herzlich lachte. Mir gefallen beide Bilder, weil sie Lebensfreude und Liebe ausstrahlen. Von einer Pressespezialistin wurde mir empfohlen, diese Bilder von der Seite zu nehmen, weil sie unseriös wirken würden und ich nicht irritieren solle. Das verstehe ich. Bei den Profilen meiner Kundschaft bemühe ich mich auch, die Irritationen beiseite zu schaffen, um potenzielle Partner und Partnerinnen nicht zu vertreiben.

Das Ergebnis: Auf meiner und wahrscheinlich auf allen anderen Websites bemühen sich die Betreiber, jeden Anstoß zu vermeiden und die Erwartungshaltung der Besucher zu erfüllen. Genauso in der Werbung und bei Filmen. Das Ergebnis ist eine Normvorstellung, die ihrerseits das Verhalten prägt und die es zunehmend schwer macht, anders zu sein und anders zu denken. Die Medien beeinflussen unsere Vorstellungen vom Aussehen und auch vom Ablauf einer Liebe.

Die Filme hören immer auf, wenn sich zwei gefunden haben und einer glücklichen Zukunft entgegen blicken. Das sind Drehbücher, die einer Idee folgen – und unserem kindlichen Wunsch nach Übersichtlichkeit, Einfachheit und einer

Portion Kitsch. Unter verwirrenden Umständen finden sich zwei, verlieren sich wieder auf dramatische Weise, kommen doch zusammen – und die Zuschauer dürfen sicher sein, dass nach diesem überstandenen Abenteuer alles für immer gut bleiben wird. Das ist beliebt. Ich mag das auch. Viele brauchen das Gefühl von »Und wenn sie nicht gestorben sind, dann leben sie noch heute glücklich.«Ich bin durchaus dafür, ein märchenhaftes Leben zu leben, aber bitte keines, das aus Mangel an Fantasie nur eine Möglichkeit zulässt. Vielleicht ist Ihre Geschichte ein neues Märchen. Ein gelebtes und lebendiges Märchen! Eines, in dem die Abenteuer in Echtzeit geschehen und das Happy End immer neu gelebt wird. Bitte begrenzen Sie Ihre Geschichte nicht, indem Sie unbewusst ausgetretenen Klischeepfaden folgen. Bloßes Nachdenken kann schon die geheimen Steuerungen entlarven! Besonders beliebt (und gefährlich) sind bei Frauen die Geschichten von Dornröschen und Schneewittchen, wo sich die Prinzen zu ihrer Geliebten durch kämpfen (während diese nichts zu tun braucht, außer auf Rettung zu warten), von Aschenputtel, bei der Wunder helfen, um vom Prinzen gesehen zu werden, und vom Froschkönig, der viele hoffen lässt, dass aus dem unangenehmen Frosch im Lauf der Zeit doch noch ein Prinz wird. Und die Männer haben sich gemerkt, dass die Schönste immer auch die mit dem besten Herzen ist.

♥ Bei welchen Punkten glauben Sie an das Märchen in der Liebe?
❤ Wo könnten Sie von Klischees beeinflusst sein?
♥ Was davon möchten Sie beibehalten und was reduzieren?

Die Hauptwünsche

Sympathie und körperliche Attraktivität, das sind laut diverser Studien bei Männern wie bei Frauen jene Kriterien, auf die allgemein zuerst geachtet wird. Kein Wunder, denn das sind Wünsche, die sich leicht benennen lassen und die gesellschaftlich akzeptiert und verbreitet sind. Auf Sympathie bin ich vorhin bereits eingegangen; widmen wir uns jetzt dem Aussehen.

Ich halte das Thema Aussehen für maßlos überbewertet in unserer Zeit. Vielleicht hat es deshalb eine so große Bedeutung bekommen, weil Aussehen sich am besten kommerziell verwenden lässt und daher allgegenwärtig ist. Schönheit irritiert nicht, Schönheit entspannt oder regt an. Von unseren Sinnen ist der Sehsinn der am meisten genutzte. Auch das spricht für die große Bedeutung von körperlicher Attraktivität bei der Partnerwahl. Egal was ich davon halte, was Sie davon halten: Ein Foto, ein erster optischer Eindruck ist bei vielen Menschen das einzige Kriterium, wer in die nächste Runde der Annäherung kommen darf.

♥ Was macht Menschen schön für Sie?

Norbert hat in seinem Profil geschrieben: »Nicht die Schönheit entscheidet, wen ich liebe, sondern meine Liebe entscheidet, wen ich schön finde.« Wie Sie Ihren eigenen Wert beim dem wichtigen Thema Ausstrahlung und Aussehen steigern können, finden Sie im Kapitel Was attraktiv macht und im Kapitel Aussehen und Outfit – Stylingtipps für sie und ihn.

Klischee Männerwünsche

Vorwort an die Damen: Liebe Frauen, hier warten harte Tatsachen auf Sie. Es liegt mir fern, Sie zu entmutigen und mit deprimierenden Geschichten zu beschweren. Was ich möchte, ist, eine Tendenz aufzudecken und klarzumachen: Die Latte liegt oft so hoch, dass es keinen Sinn macht, mit Herren dieser Anspruchsklasse in Kontakt zu sein, und schon gar nicht, sich deshalb weniger liebenswert zu fühlen! Es gibt drei Milliarden Frauen, die nicht so aussehen wie ein Topmodel und nur acht, die wirklich so aussehen. Das ist nicht Ihre persönliche Schuld, das ist normale Realitätsverteilung. Bitte wenden Sie sich offeneren Herren zu – den anderen brauchen Sie keine Träne nachzuweinen!

Viele Männer sind glücklich, wenn die Frau gut aussieht, wenn man sich nett mit ihr unterhalten kann und wenn sie lieb ist. Eine andere Variante dieses Wunsches stammt aus dem Film »Crazy, Stupid, Love.« und lautet: »Du bist die perfekte Kombination aus sexy und süß.« Voilà – das ist das Rezept, das für viele (nicht alle!) Männer funktioniert und das ich mit einigen Geschichten untermauern kann.

Nach meiner Erfahrung sind sehr viele Männer die perfekten Frauenbeschauer. Sie kennen sich aus mit Alterserscheinungen, Problemzonen, Körpermaßen usw. Für viele ist es ein regelrechtes Hobby, bei jeder Gelegenheit die vorbeigehenden oder anwesenden Frauen zu bewerten. »Ja, die würde ich nehmen« oder »Sorry, ungenügend für meine Ansprüche« lautet dann die Schlussfolgerung. Nicht nur Herren mit wenig Erfolg bei den Damen spielen dieses »Spiel«.

Gerade hat mir ein 45-jähriger Kunstmaler erzählt, er habe seine persönliche Gefallensquote ausgerechnet. Beim Silvester-Pfad in Wien, wo sich tausend Menschen durch die Straßen schieben, hat er etwa 10.000 Frauen gesehen. Acht davon hätten ihm gefallen und fünf seien offensichtlich mit ihrer Familie unterwegs gewesen. Bleibt ein Rest von drei, die wir noch nicht näher kennengelernt haben und die vielleicht auch eine eigene Meinung zu ihm haben. Eine erschütternd schlechte Quote von 0,03 %!

Ich war mit einem Kunden bei einem Coachinggespräch in Wien im Café. Er hatte mir schon ausführlich erzählt, über welche optischen Eigenschaften die Dame verfügen sollte.

Keine genügte seinen Ansprüchen. Dieses Verhalten kenne ich bereits gut, denn diese Taktik schützt auch vor dem Handeln. Dann kamen zwei Freundinnen vorbei und ich sagte: »Schau, die Blonde – wie wär's mit der?« Eine sehr hübsche junge Frau, wie ich fand, mit flachen Schuhen, Hüftjeans und toller Ausstrahlung. Die Antwort des mittelalten, leicht untersetzten Herrn war: »Nein, die ist mir zu kompakt gebaut. Da stimmt das Verhältnis zwischen Beinlänge und Oberkörper nicht.« Ganz ehrlich – ich war sprachlos. Mittlerweile habe ich mich (schon fast) an solche Aussagen gewöhnt.

In dieselbe Nonsens-Kategorie fallen für mich auch Aussagen wie »Sie sollte unbedingt halblange oder lange Haare haben« – und alle kurzhaarigen Frauen im Internet werden sofort weggeklickt. Obwohl Haare etwa 12 cm pro Jahr wachsen.

Bitte liebe Männer: Beschäftigen Sie sich mit der Möglichkeit von Veränderungen! Es geht hier um Menschen und Liebe und nicht um ein perfektes Produkt, das man beliebig variiert im Internet bestellen kann. Eine Frau, die sich geliebt fühlt, wird gerne auch mal die hohen Schuhe, Kleid X oder sogar die entsprechende Haarfarbe wählen, um ihm eine Freude zu machen.

Anpassung oder Selbstliebe?

Studien zufolge macht es Männer glücklich, wenn sie schöne Frauen anschauen. Bei durchschnittlich aussehenden Frauen bleibt das »Glücksareal« im Gehirn hingegen untätig. Schöne Frauen als Droge? Das hat sicher seine Berechtigung, allein wenn wir uns Werbung anschauen. Ich muss gestehen, die kleine Emanze in mir hat mit dieser Sicht der Dinge ihre Schwierigkeiten. Ich möchte natürlich als ganzer Mensch beachtet und geliebt sein und nicht auf mein Aussehen reduziert werden. Andererseits ist es auch ein Akt der Selbstliebe, sich schön zu fühlen, sich mit Aufmerksamkeit zu kleiden und sich zu schmücken. Haben Sie schon einmal bemerkt, dass es Ihnen selbst gefällt, »sich schick zu machen«? In meiner aufgeräumten Wohnung fühle ich mich wohler als im Chaos, in einem geschätzten und gepflegten Körper ebenso. Vielleicht ist es die innere Haltung, die durch die Optik nach außen strahlt und die bei Männern besonders gut wirkt.

Eine Kundin, die eher auf Frauen steht, hat mir geschrieben: »Ich finde naturbelassene Frauen total unerotisch.« Das trifft sicher auch auf viele Männer zu. Es soll auch welche geben, die unverfälschte Natürlichkeit schätzen. Ich fürchte nur, viele Männer wissen heute nicht mehr, was »natürlich« in Wirklichkeit ist. Die Models aus den Öko-Werbungen sind genauso voller Make-up wie ihre Kolleginnen, nur eben in »natürlichen« Farben und vielleicht mit Holzschmuck behängt ... Ich glaube, wir sind alle sehr geprägt von den Schubladen, die ein perfektioniertes Marketingumfeld ständig für uns bereithält. Über Geschmack lässt sich bekanntlich nicht streiten, aber nachdenken!

An die Frauen: Was kann jetzt der richtige Weg sein? Folge ich den Trends und Erwartungen oder mache ich bewusst das Gegenteil, um meine Individualität zu unterstreichen? Gehe ich zum Friseur, zur Outfit-Beraterin und zur Schönheitsfarm?

Wichtig für mich ist, dass ich mich wohl fühle mit mir selbst. Und je mehr ich mich liebe, desto weiter kann mein Spielraum werden. Dann kann ich beispielsweise mit einem titelseitentauglichen Make-up und Outfit glänzen, aber ich kann mich auch in meiner ganzen Naturbelassenheit, behängt mit meinem ältesten Schlabberkleid, wohl fühlen.

♥ Wo möchten Sie Ihre Grenzen erweitern, wo mit neuen Rollen spielen und wo einfach zu sich stehen?

Sie soll lieb sein

Die zweite und ebenso begehrte Eigenschaft bei Frauen ist »lieb«. Eine liebe Partnerin verletzt nicht. Und vor erneuter Verletzung hat jedes gebrannte Kind Angst. Anscheinend ist das bei besonders vielen Männern der Fall, sonst wäre dieses Wort auf der Wunschliste nicht so weit oben. Doch was bedeutet denn lieb? Meine Umfrage lässt sich so zusammenfassen: »Sie soll nicht (ständig alles) kritisieren«, »Sie mag keinen Streit« und »Sie verwöhnt mich«. Also das, was Basis einer harmonischen Beziehung ist – und was sich im Grunde alle wünschen!

Ich bin mir sicher, Sie wissen genau, ob Sie eher als lieb oder nicht gelten. So einige starke und selbstbewusste Frauen, die ich kenne, sind nicht als lieb zu bezeichnen. Zumindest nicht als chronisch lieb, weil ihnen die andere Seite der Verhaltensmedaille auch vertraut ist. Und viele von denen leben in guten Beziehungen. Nicht konfliktscheu zu sein, die Dinge anzusprechen, laut werden zu können, innere Bestimmtheit – das sind alles Eigenschaften, die eine gewisse Art von Männern abhalten werden, sich auf diese Frauen einzulassen. Und das ist vielleicht besser so für beide. Sie sollten nur wissen, warum ihre Quote bei Absagen vielleicht ein wenig höher ausfällt, als bei der »lieben« Freundin ...

Lösungen für Kritiker und Kritikerinnen: Wer mit Kritik und Vorwürfen schneller und eher großzügiger ist, als es ihm oder ihr selbst passt, dem würde ich einen Kurs in mitfühlender oder »gewaltfreier Kommunikation« empfehlen. Dabei handelt es sich um ein Training, wie man die eigenen Bedürfnisse konstruktiv vermittelt und miteinander friedlich Lösungen findet. Den Teufelskreis von Verletzung und Gegenangriff zu unterbrechen, ist für jedes menschliche Miteinander hilfreich und natürlich für eine Partnerschaft fast unerlässlich, denn Bedürfnisunterschiede gibt es immer.

Die Basis der »gewaltfreien Kommunikation« ist, ehrlich auszudrücken, wie man selbst ist und empfindet. Ganz ohne Beschuldigung oder Kritik werden die eigenen Beobachtungen, Gefühle und Bedürfnisse genannt und eine Bitte ans Gegenüber formuliert. Auf der anderen Seite steht die Herausforderung, empathisch zuzuhören, Kritik, Beschuldigung oder Forderungen beiseitezulassen, und die Bemühung, den Kern des Anliegens aufzunehmen. »Die Worte, mit denen dich jemand verletzen möchte, haben mit seiner Geschichte zu tun, nicht mit deiner.« Ein Held oder eine Heldin, wer das erkennt und entsprechend reagiert. Ich habe einmal meinen Partner sehr hart angefahren. Er hat in keinster Weise auf meine angreifenden Worte reagiert, sondern gesagt: »Oje, ich glaube, dir geht's nicht so gut. Was brauchst du denn?« Und fast gleichzeitig hat er es gewagt, die feuerspuckende Frau vor ihm zu umarmen. Ich bin dahingeschmolzen vor Rührung und kann seither ein klein wenig besser mit wütenden Menschen umgehen ... Ich glaube, das wünschen sich alle Menschen: im Kern ihrer Not erkannt und akzeptiert zu werden.

»Wer es sich leisten kann, nimmt eine Jüngere«

Diesen Spruch hat mir Karl mitgebracht. Besser gesagt, Karls Freunde sagen das und ich bin sicher, das sind nicht die einzigen Männer oder Frauen, die so denken.

Sehnsucht Nr. 1 vieler Männer ist eine attraktive, sexy Partnerin, um sich selbst jugendlicher zu fühlen, als man ist. Später werde ich noch darauf zu sprechen kommen, dass bei einer langfristig funktionierenden Partnerschaft Geben und Nehmen im Gleichgewicht sein müssen. Also frage ich mich: Was hat er zu bieten, dass es für sie passt? Und diese Frage möchte ich allen Männern stellen, die oft jahrzehntelang erfolglos nach einer deutlich jüngeren Partnerin suchen. Hier kommt Karl wieder ins Spiel, dessen Freunde ihm in aller Klarheit vermittelt haben: »Wer es sich leisten kann, nimmt eine Jüngere.«

Karl stammt aus gutem Haus, hat studiert, aber beruflich wenig erreicht. 20 Jahre war er mit einer Frau verheiratet, die ihn irgendwann vor die Wahl gestellt hatte: Hochzeit und Kind – oder Trennung. Er hat sich, um nicht allein zu sein und um ein echter Mann zu werden, für die Familiengründung entschieden. Gut, anfangs auch Sex, eine gewisse Vertrautheit und Zugehörigkeit, aber sonst nicht viel. WG-Leben: 20 Jahre. Irgendwann war die Trennung unausweichlich. Karl fand sich, deutlich gealtert und völlig ohne

Erfahrung, auf dem »Singlemarkt« wieder. Jetzt sollte alles anders werden. Jetzt wollte er die verpasste Leidenschaft nachholen, Sex, Zärtlichkeit, alles was ihm so lange Jahre gefehlt hat. Die harten Fakten: Er ist fast 50, Glatze, deutliches Übergewicht, mit 1,68 m nicht der Größte, und sein Geld reicht - im Gegensatz zu dem seiner Freunde - gerade mal für ihn selbst. Was ihn sexuell erregt, und natürlich soll seine neue Partnerin dem entsprechen, das sind Frauen zwischen 20 und 30, schlank und »knackig« frisch. Was er zu bieten habe? »Keine Ahnung.«

Karl ist ein typischer Vertreter für die Engstirnigkeit vieler Männer, die auf Singlebörsen unterwegs sind. Diese Herren sortieren im Lauf ihrer frustrierten Suche tausende von Frauen aus, auf allen Börsen, und werden selbst immer unglücklicher und verzweifelter.

Ich möchte berichten, wie Karls Geschichte weitergegangen ist.

Karl hat sich im Fitnessstudio eingeschrieben, er trainiert regelmäßig, und sein Ziel lautet: 3 kg Fett abbauen, 2 kg Muskelmasse aufbauen. Dann macht er sich klar, was er zu bieten hat - in allen Liebessprachen (siehe Kapitel Liebessprachen S. 43). Und er erkennt, dass er im Bordell zwar freie Auswahl hat, sich in der Altersgruppe um die 20 zu bedienen, dass das ein reines Geschäft ist, also nicht direkt übertragbar auf seine Partnersuche. Es gibt Liebe mit großem Altersunterschied - nicht dass mich jemand falsch versteht. Die 45-jährige Regina ist mit einem 28-jährigen Mann zusammen. Und es ist gut, gut, gut! Die beiden haben so viele Gemeinsamkeiten, da ist so viel Liebe, dass beide die Verschiedenheit in Kauf nehmen. Das gibt es! Der Unterschied: bei Regina ist die Liebe »passiert«, sie ist quasi vom Himmel gefallen. Bei Karl lässt der Leidensdruck nur eine ganz kleine Spannbreite von Liebesglück zu: 30 bis 40 Jahre (haben Sie gemerkt, dass er seine Wünsche schon verändert hat?) und schlank. Ich habe Karl als LiebesFischerin und Coach einige Monate begleitet. Was passiert ist: Er hat sich mit einigen Frauen verabredet, er wurde aussortiert und er hat aussortiert. Und bei der Beschäftigung mit den potenziellen Kandidatinnen hat Karl viel über sich und seine Wünsche gelernt. Ihm ist jetzt deutlich klarer als früher, was für ihn eine gute Partnerschaft ausmacht und was für ein Lebensgefühl dazugehört. Seine Ansprüche sind vom Kopf ins Herz »gerutscht« und gleichzeitig wurde ihm schmerzlich bewusst, dass er »in seiner Liga« spielen muss. Als eine gleichaltrige Frau auf ihn reagiert hat, da hatte er plötzlich den Mut sich einzulassen. Es war eine kurze und sehr schöne Zeit. Karl hat Zärtlichkeit aufgetankt, ohne dafür bezahlen zu müssen, und beide haben einander bei inspirierenden Gesprächen und Erlebnissen gutgetan. Gescheitert ist die kurze Liaison tatsächlich (auch) an der Körperlichkeit - gegenseitig. Und dennoch hat diese Erfahrung einen Bewusstseinswandel bei ihm angestoßen. Er hat seine Grenzen erweitert und sich mutig in die Erfahrungen des Lebens gewagt. Heute ist er glücklich verliebt und durch seine Erfahrungen zu einem reifen und begehrenswerten Mann geworden.

Das Leben versorgt uns mit den Geschenken, die wir für unsere Weiterentwicklung brauchen. Aber dafür müssen wir die Geschenke annehmen und auspacken, also uns dem Leben stellen. Natürlich kann ein Wunsch einfach so in Erfüllung gehen. Ich war als junge Frau (mit 18 und mit 27) mit deutlich älteren Männern zusammen. Ich war mir des Wertes, den mein knackiges Alter bot, in keiner Weise bewusst und ich mochte es, älter zu wirken, mich ernst genommen zu fühlen und ganz offensichtlich erwachsen zu sein. Alter hatte für mich damals keine Bedeutung, nur die Liebe.

Klischee Frauenwünsche

Ich bin 48, 172 cm groß, normal schlank, kurze dunkle Haare. Selbstständig (Dienstl.) und stehe auch sonst auf eigenen Füßen. Ich suche einen freundlichen, offenen, ehrlichen Mann, ca. 180 cm (ich trage auch hohe Schuhe), nicht übergewichtig, nicht ganz unsportlich, gern spontan und mit Humor, NR.

Die Größe

Klassisch! Die obige Zusammenfassung wurde mir wortgetreu per E-Mail übermittelt. Die Frauen holen auf, was die äußeren Werte betrifft. Scheinbar tief im kollektiven Bewusstsein eingeprägt ist der Wunsch der Frauen nach Männern, die größer sind als sie selbst. Ob dieses Suchmuster noch aus Tagen stammt, als ein großer, kräftiger Mann besser jagen und verteidigen konnte – ich weiß es nicht.

Im Status gleich oder höher

Ganz selten akzeptieren Frauen einen Mann mit weniger Bildung oder Status als sie selbst. Wir sind noch nicht weit davon entfernt, dass Frauen kein Wahlrecht hatten (in Deutschland und Österreich bis 1918, in der Schweiz bis 1971) oder bei Annahme einer Arbeitsstelle die Einwilligung ihres Ehemannes brauchten (in Österreich bis 1975). Aus unserer patriarchal geprägten Geschichte heraus sind wir es gewohnt, dass Frauen im Status unter dem Mann standen und bei einem Griechenlandurlaub 1991 wurde mir versichert: »Frauen und Männer sind völlig gleich! Nur Männer stehen eben eine Stufe höher.« Wir kommen aus Zeiten, in denen sich die Frage nach einem gebildeteren Mann kaum stellte. Die Männer waren grundsätzlich gebildeter (im Durchschnitt). Und die Statusfrage wurde schon immer so gelöst, dass überwiegend innerhalb sozialer Schichten geheiratet wurde. Liebe war da oft nachrangig. Dass Frauen und Männer gleich behandelt werden, darum ranken sich viele Bemühungen, die schon große Erfolge aufweisen. Angenommen, Frauen und Männer sind heutzutage in ganzer Bandbreite gleich erfolgreich und gleich gebildet: Was passiert, wenn die Frauen weiterhin nach gebildeteren Männern suchen? Das kann sich rechnerisch einfach nicht ausgehen.

Aus den genannten Suchmustern entstehen zwei Verlierergruppen. Bei den Männern verlieren die kleinen Herren mit wenig Bildung, was üblicherweise mit dem Einkommen zusammenhängt. In China ist das bereits deutlich sichtbar, denn die Ein-Kind-Politik hat zu einem 18-prozentigen Männerüberschuss geführt. »Nach einer Umfrage ist für 70 Prozent der chinesischen Frauen ‚Geschäftsgrundlage' für eine Ehe, dass ihr Partner ein Haus oder eine Wohnung besitzt. (...) 57 Prozent aller Frauen sagen: ‚Hart arbeiten ist nicht so wichtig wie gut heiraten.' Viele Frauen heiraten lieber gar keinen Mann als einen, der zu wenig Geld und Status hat. Das bedeutet paradoxerweise: In einem Land mit gewaltigem Männerüberschuss finden auch viele Frauen keinen Partner. Vor allem die Gebildeten bleiben allein.« (Die Zeit, 8. 11. 2012)

Die andere Gruppe der Verlierer sind die gebildeten Frauen, die auf der Karriereleiter schon hochgeklettert sind. Die Oberärztin, die nach »mehr Status« sucht, findet nur noch einen kleinen Anteil von Männern, die erfolgreicher sind als sie. Der gleichrangige Oberarzt jedoch ist offen für Damen mit gleichem Status und »niedriger«, er hat somit eine wesentlich größere Auswahl, zahlenmäßig.

Lösungen für Männer: Abitur nachmachen, Fernstudium, Bildung tanken, im Status niedriger suchen – oder die Richtige finden, die außerhalb der Norm sucht!

Lösungen für Frauen: Überlisten Sie Ihr Beuteschema (übrigens auch ein lesenswertes Buch von Stefan Woinoff für Frauen im Spitzenfeld). Unkonventionelle Männer erlauben Ihnen, das Geld zu verdienen. Vielleicht sind Sie glücklich mit dem arbeitslosen Architekten, dem Rollstuhlfahrer mit dem großen Herzen oder dem unentdeckten Pianisten ...

Wir leben in einer Zeit gesellschaftlicher Umbrüche. Keine ganz großen Revolutionen, sondern vergleichsweise sanfte und beständige Verschiebungen. Das muss sich auch auf unsere Wahl in Liebesdingen auswirken. Es gibt weiterhin die Möglichkeit, Glück zu haben und in dem kleinen Segment der alten Norm fündig zu werden, es besteht die Möglichkeit, erfolglos und weiter hoffend am alten Schema festzuhalten oder sich als Pionier einer kommenden Gesellschaft bereits jetzt anderen Suchschwerpunkten zuzuwenden. Zwei dieser Wege könnten sehr unangenehm sein. Da Not bekanntlich erst erfinderisch macht, wartet vielleicht schon eine ungeahnte große Chance auf Sie!

»Wer es sich leisten kann, nimmt einen Reicheren«

Das ist der Spruch, der für viele Frauen gilt. Es lebt sich angeblich leichter mit mehr Geld. Gesellschaftlich akzeptiert und verbreitet ist, dass er das größere Einkommen nach Hause bringt. Sie hat die Wahl, ihr Hobby zum Beruf zu machen, für die Kinder zu sorgen oder ganz schlicht: ihren Teil seines Einkommens einfach auszugeben. Der »Pretty-Women-Jackpot« sozusagen. Das Einkommen eines Mannes scheint also in direktem Verhältnis zur Menge seiner Verehrerinnen zu stehen (siehe Abschnitt Zu attraktiv S. 65).

Es gibt auch Damen, die das Leben noch erstrebenswerter finden, wenn er dann nicht mehr ist, und »nur« noch sein Nachlass »verwaltet« werden möchte, unterstützt von einer netten Witwenpension. Ob so oder so – ich habe davon gelesen, dass Damen ihre Zeit in Bars und Lobbys der guten Hotels verbringen, um einen reichen Fang zu machen. Wer fürs Leben ausgesorgt haben möchte, kann schon ein paar Jahre lang in teuren Häusern auf Lauer sitzen, oder? Fallbeispiele habe ich hier leider nicht – fragen Sie lieber einen Barmann nach den Geschichten.

»Freundlich, humorvoll, treu und männlich« – das ist das Pendant zum Männerwunsch »attraktiv und lieb«. Wenn Sie als Mann diese Eigenschaften mitbringen und dann auch noch mit Status und Größe punkten können: wunderbar!

Spezielle Prägungen

Sehr häufig begegnen mir Spezialwünsche bei Suchenden, bei Männern wie bei Frauen. Rational nicht erklärbare Einschränkungen bei der Partnerwahl, die es oft sehr schwer machen, jemanden zu finden. Um nur einige Beispiele zu nennen: »blonde Haare«, »lange Haare«, »Glatze«, »kleine Brüste«, »südländischer Typ«, »Trenchcoat-Träger«, »High Heels« usw. Wahrscheinlich fallen auch alle Fetisch-Ausprägungen in diese Kategorie. Betroffene berichten von angenehmer Anregung oder sogar von unmittelbar einsetzender heftiger Erregung.

Ich glaube, dass die Weichen für diese Prägungen in erlebten Situationen und der Funktionsweise unseres Gehirns liegen. Erinnerungen werden nicht automatisch nach relevanten Kriterien sortiert, sondern als Gesamtheit mit allen Einzelheiten abgespeichert. Oft kommt es dabei zu irrationalen Prägungen, weil uns ein Detail im Gesamtbild besonders auffällt und in der Folge unsere Suche bestimmt. Irrational deshalb, weil es nicht logisch nachvollziehbar ist, eine extreme Anziehung beim Gedanken an »blaue Arbeitshose«, »Fesseln«, »rote Haare« etc. zu empfinden. Dass unser System so funktioniert, damit müssen wir leben. Diese »Programmierung« schränkt unseren Suchradius ein. Für manche

Menschen ist das hilfreich, andere tun gut daran, durch bewusste Auseinandersetzung wieder mehr Auswahl zu bekommen und ihre Chancen zu steigern.

Stefan Stendel, pixelio.de

Wenn wir die Prägung verändern wollen, dann müssen wir sie zuerst erkennen und akzeptieren, und in der Folge können wir sie (manchmal) durch bewusste Wahrnehmung und wiederholte Erinnerung oder, wo möglich, durch Ausleben entkräften oder genießen. Der Blick in die Vergangenheit (lassen Sie sich bei problematischen Szenarien von geschulten Therapeuten und Therapeutinnen dabei unterstützen) kann uns nach und nach das ganze damalige Bild erkennen lassen. Unser schlaues Inneres hat durch Reflexion die Chance, die relevanten Bausteine neu zu gewichten.

Vorschlag: Wenn bei der nächsten Beziehung wieder dieser entscheidende Baustein fehlt, vielleicht lässt sich die Partnerin oder der Partner auf ein Spiel mit Ihnen ein. Bei manchen Wünschen kann technisch sehr leicht nachgeholfen werden. Außerdem finden Sie im Internet zu wahrscheinlich jedem Wunsch Gleichgesinnte.

Eine weitere Variante: Der Kick von damals, der nach Wiederholung schreit, kam meistens überraschend. Vielleicht versuchen Sie mit offener Wahrnehmung und Präsenz festzustellen, ob das Leben noch andere intensive Erfahrungen für Sie bereit hält.

Hilfreich zu wissen für die Aussortierten: Wenn unser Gegenüber nach Erfüllung des inneren Kicks sucht, der wie ein Schalter bei Reizung durch XY anspringt, dann können wir alles andere zu bieten haben. Das eine Kriterium XY nicht zu haben, genügt, um nicht befriedigen zu können. Es gibt auf Singlebörsen viele Menschen mit sehr speziellen Vorstellungen: Ablehnungen sind auch dadurch erklärbar.

Lebenserwartung und Partnersuche

»Frauen leben zwar etwas länger, aber vor allem die Männer sterben früher.« (Marc Luy)

Diese Tatsache ist uns aus Statistiken hinreichend bekannt.

Die mathematische Wahrscheinlichkeit steht häufig im Widerspruch zur subjektiv wahrgenommenen Chance. Die Wahrscheinlichkeit auf sechs Richtige im deutschen Lotto bedeutet, genau eine von knapp 14 Millionen Möglichkeiten zu treffen (6 aus 49). Dennoch wird fleißig getippt. Es könnte ja sein, mit etwas Glück. Bei der Partnersuche scheinen besonders die Damen anders zu rechnen. Die 62-jährige Karin hat mir erzählt: »Mein nächster Mann soll mindestens vier Jahre jünger sein als ich, sonst stirbt er mir womöglich weg.«

Bei der durchschnittlichen Lebenserwartung zählen natürlich auch die mit, die jung sterben. Häufig wird übersehen, dass die, die es bis z.B. 60 »geschafft haben«, gute Chancen haben, noch 25 Jahre zu leben. Das alles sind Rechengrößen, die für eine Lebensversicherungsgesellschaft höchst interessant sind, aber für einen einzelnen Menschen? Da kommt mir Gabis Haltung – sie ist 61 – doch wesentlich lebensnäher vor. Sie sagt: »Selbstverständlich nehme ich auch einen 70-Jährigen! Ein Jüngerer kann nämlich auch sterben. Und wenn das passiert, dann nehme ich halt den nächsten.«

Die Angst vor dem Tod hält uns nicht vom Sterben, sondern vor allem vom Leben ab. Ich kann nur immer wieder appellieren an Männer und Frauen: Erweitern Sie Ihre Altersgruppen bei der Partnersuche! In beide Richtungen! Die Zeiten haben sich sehr geändert. Muss man unbedingt zusammen auf den Berggipfel klettern können, wenn man auch mit der Gondel fahren kann und oben umarmt die Aussicht genießt? Das Gefühl, sich zu verstehen, Zeit miteinander verbringen zu können, sich gegenseitig zu helfen, sich aneinander zu erfreuen und einander zu schätzen, sich mit kleinen und großen Aufmerksamkeiten zu beschenken und Zärtlichkeit – diese wesentlichen Grundfesten einer glücklichen Liebe sind völlig unabhängig vom Alter. Und nebenbei muss ein Paar auch nicht immer alles zusammen machen, oder? Lebenserfahrung – das ist besonders in Beziehungen ein unschlagbarer Bonus für ein harmonisches Miteinander (siehe Kapitel Mit 50 bis 70 auf Partnersuche S. 78).

Seelenverwandtschaft

»Es war sofort so, als ob wir uns schon ewig kennen würden«, »Bereits beim ersten Kontakt war da eine nie dagewesene Anziehung und Liebe«, »Wir sind füreinander bestimmt« – solche Aussagen gibt es immer wieder. Tiefes Einander-Kennen und tiefe Verbundenheit, die sich nicht logisch erklären lässt, das sind die dazugehörigen Gefühle. Der Begriff, der versucht, dieses Phänomen zu erklären, ist »Seelenverwandtschaft«. Manche spirituell ausgerichtete Singles suchen nach ihrer »Dualseele« oder »Zwillingsflamme«. Als ob man sich aus anderen Dimensionen bereits lange kennen oder sich durch eine gemeinsame Aufgabe oder Erfahrungssuche verbunden fühlen würde.

Ich glaube daran, dass es so etwas gibt, und habe selbst voller Verwunderung erlebt, wie sich so eine Begegnung und Liebe anfühlt. Als ich mit meinem Schatz das erste Mal mehrere Tage zusammen war, da fanden wir uns plötzlich umarmt und glücklich – und aus unseren Augen lief Wasser. Ich schreibe bewusst Wasser und nicht Tränen, denn das, was wir erlebten, das war keine Traurigkeit, das war nicht einmal Weinen vor Freude. Es war, als ob ein Damm gebrochen war, und wir beobachteten voller Erstaunen diesen Effekt, der scheinbar aus unserer tiefen Verbundenheit entstanden war. Es ist nie wieder danach passiert. Für mich ist dieses Erlebnis ein großes Geschenk. Die ganze Begegnung, das Leben mit diesem Mann ist ein großes Geschenk und wenn ich gefragt werde, wie man dahin gelangt, dann kann ich nur mutmaßen. Für mich war zielführend: die essenzielle Klarheit meiner Wünsche, eine starke von innen genährte Sehnsucht und mein Annehmen und Akzeptieren des Lebens. Die Chance anzunehmen, aus allen Erfahrungen lernen zu können, ohne sie zu bewerten. Und vielleicht war es einfach nur Herzöffnung, Glück, Bestimmung – oder alles zusammen. Denn ohne diese Erfahrung und meinen Glauben an die Liebe würde ich nicht heute dieses Buch schreiben.

Der Herzenswunsch nach Einssein, nach Verschmelzung ist die Ursehnsucht, die zwei Menschen zusammenbringt. In jedem Fall sollten wir darauf vertrauen, dass das geschieht, was gut und richtig für uns ist.

Wenn ein Zusammentreffen allen Beteiligten dienlich ist, so wird es stattfinden. **Ihr Herz ist das Navi!**

Liebessprachen

Was Gary Chapman in seinem Buch »Liebessprachen« schreibt, gehört für mich zu den ganz großen Erkenntnissen für den zwischenmenschlichen Umgang und sollte im Allgemeinwissen Raum finden. Chapman geht davon aus, dass wir uns ähnlich wie bei einer Muttersprache auf eine von fünf Arten besonders geliebt fühlen. Unbewusst glauben die meisten Menschen, dass ihre Art sich geliebt zu fühlen auch bei anderen die gleiche Wirkung haben sollte. Ein folgenschwerer Irrtum.

Möchten Sie kurz nachdenken, woran Sie merken, dass Sie geliebt werden, bevor ich die fünf Sprachen in alphabetischer Reihenfolge aufzähle?

- ♥ Geschenke
- ♥ Hilfe
- ♥ Lob und Anerkennung
- ♥ Zärtlichkeit
- ♥ Zweisamkeit, Zeit miteinander

Die meisten Menschen freuen sich über alle fünf Zuwendungen. Trotzdem können fast alle ein bis zwei Arten nennen, die ihnen essenziell wichtig sind, ohne die keine Liebesbeziehung vorstellbar wäre. Ich war absolut erstaunt, als ich erkannt habe, dass das, was mir nebensächlich erscheint, für andere das Wesentliche ausmacht!

Der Vorteil, die Liebessprachen von sich und anderen zu kennen, ist: Der innere Liebesspeicher füllt sich am schnellsten und besten auf, wenn wir »aufgetankt« werden mit unserer Hauptliebessprache!

Für mich ist intensive Zeit miteinander, tiefe Gespräche, sich aufeinander beziehen das pure Lebenselixier. Deshalb möchte ich bei den seltenen Gelegenheiten, zu denen ich meinen Vater besuche, diese Qualität austauschen. Früher zumindest. Seit ich weiß, dass er darauf keinen Wert legt, sondern dann aufblüht, wenn ihm jemand hilft, habe ich meine Herangehensweise geändert. Bei einem Besuch, der zwei Stunden dauerte, haben mein Bruder und ich gemeinsam für unseren Vater dessen neue Fernbedienung programmiert. Und er war glücklich. Nie im Leben wäre ich früher auf die Idee gekommen, die kostbare gemeinsame Zeit mit so etwas Banalem wie technischen Spielereien zu vergeuden.

Die Liebessprachen sind also ebenso anwendbar im Familien- und Freundeskreis oder im Arbeitsumfeld. Wer welche Liebessprache hat, erkennt man häufig daran, dass dieser Mensch das auch selbst großzügig verteilt: also Komplimente, kleine Geschenke bei jeder Gelegenheit, Berührungen, Übernahme von Arbeiten oder zeitlich ganz für jemanden da sein.

In Beziehungen kann die falsche Liebessprache ein Gefühl von »Ich werde nicht richtig geliebt« auslösen – obwohl beide Partner klar zueinander stehen.

So ging es Carmen. Sie war von Kindheit an von ihrem Vater für gutes Klavierspielen ge-
lobt worden und als 30-Jährige dachte sie darüber nach, was in ihrer momentanen Bezie-
hung nicht stimmt. Es war fehlende Anerkennung. Ihr Freund war weder musikalisch
noch besonders großzügig mit Komplimenten und tief in ihr entstand dadurch ein boh-
render Zweifel an seiner Liebe.

> ♥ Ist bei Ihnen schon einmal eine Beziehung an den unterschiedlichen
> Liebessprachen gescheitert?

Das passiert Ihnen mit diesem Wissen nicht mehr, denn Sie können Unterschiedlichkeiten bewusst ausgleichen – oder Sie finden einen Menschen, der genauso
wie Sie empfindet.

Wie Sie als Single die Liebessprachen bei der Partnersuche nutzen, dazu habe ich
folgende Tipps:

> ♥ Online-Profiltexte so gestalten, dass Ihre Liebessprache bemerkbar ist.
> Das macht Sie besonders anziehend für Gleichartige.
> ♥ In der Werbungsphase alle fünf Sprachen nutzen und wachsam sein,
> worauf das Gegenüber besonders empfänglich reagiert.
> ♥ Beim Kennenlernen über die Liebessprachen reden: »Sag, woran merkst
> du eigentlich, dass dich jemand liebt?«

Noch zwei Beispiele zum Abschluss dieses Kapitels: Bernd hat sich nach vielen Gedanken
und Versuchen scheiden lassen. Diese Ehe schien ihm nicht erfüllend und irreparabel zu
sein. Bald schon war er wieder in Beziehung. Deutlich besser, aber wieder passte es nicht
und er hat sich schweren Herzens getrennt. Bei der nächsten Frau dachte er, die ist die
Richtige. Zwei Jahre ging es gut, bis auf einen wesentlichen Bereich, der ihm wichtig ist.
Und dann kam sie. Was als Affäre begann, wurde entscheidend. Dreimal hat Bernd eine
Partnerschaft beendet, weil er nach mehr strebte. Und er hat sein Ziel erreicht. Er ist ein
ehrenwerter Mann, der seinen Partnerinnen nicht weh tun wollte und der dennoch ahn-
te, dass mehr möglich sein könnte. Das ist sein Weg. Kerstin hat das Gegenteil erlebt. Ihr
war ihr Mann nie genug und sie hat sich für eine »bessere Partie«getrennt. Aus einer An-
spruchshaltung heraus hat sie ein Herz verloren und es später sehr bereut.

Checkliste für alle, die sich haltbare und gute Verbindungen wünschen:

♥ Wie kann ich künftig mein Wissen und meine Menschenkenntnis bei der Partnerwahl noch besser einsetzen?

♥ Bin ich mir meines Wertes bewusst? (Schon, dass Sie gerade nachdenken, wie Beziehung gelingen kann, zeichnet Sie aus!)

♥ Wie viel Anspruch in welchem Bereich tut mir gut und welcher Teil könnte mir schaden? (Hinweis: Sehnsucht aus dem Herzen würde ich als gewichtiger bewerten als Ideen aus dem Kopf.)

Die innere Haltung

Selbstzweifel, Zögern, Angst und Co., all diese Gefühle signalisieren »Contra« beim Gegenüber und legen sich wie eine Staubschicht um die Ausstrahlung und Anziehungskraft. Keine Sorge, Sie brauchen nicht völlig frei davon zu sein, um eine schöne Beziehung zu erleben, aber ein »Frühjahrsputz«, der wenigstens ein paar Schichten beseitigt, kann sehr wohltuende Wirkung haben. Bereit?

Was attraktiv macht

Manche Singles fühlen sich auf dem Singlemarkt, besonders nach längerer erfolgloser Suche, wie Ladenhüter in einem Second-Hand-Laden. Schon eine Ablehnung kann genügen, um die Selbstzweifel wieder zum Lodern zu bringen. Der Teufelskreis Ablehnung – Minderwertigkeitsgefühle – schwächere Ausstrahlung – erneute Ablehnung usw. ist weit verbreitet und vermittelt oft ein Gefühl der Hoffnungslosigkeit.

Die Lösung ist – wie in einer guten Galerie –, die Skulptur zu entstauben, ins passende Umfeld und ins richtige Licht zu rücken und an einem frequentierten Ort aufzustellen. Es ist doch ein Unterschied, ob die Ware verstaubt zwischen Gerümpel liegt oder richtig präsentiert ihren Wert zeigt. Also: Spot an! Neu durchstarten!

Glück und Gesundheit machen attraktiv

Beides kann man trainieren, beides hat mit Einstellung und dem richtigen Verhalten zu tun. Und über beides sind unzählige dicke Bücher geschrieben worden. Deshalb hier nur einige Stichworte zur Erinnerung oder um Sie zur Weiterbeschäftigung anzuregen.

Glück wird zum Beispiel gefördert durch

- ♥ optimale Beanspruchung (»Flow« bezeichnet den Idealzustand zwischen Herausforderung und Langeweile),
- ♥ nicht zu viele Vergleiche,
- ♥ durch die Fähigkeit, sich auf Positives zu konzentrieren
- ♥ und durch das Gefühl, gebraucht zu werden

Gesundheit wird gefördert durch gesunde Ernährung, Bewegung und Sport. Haben Sie schon einmal erlebt, wie Sie sich nach dem Sport in Ihrem Körper wohler fühlten? Die Bewegung sorgt gleichzeitig für Glück. Wer sich bewegt, ist weniger anfällig für Depressionen, wer Überwindung übt, stärkt sein Selbstwertgefühl. Perfekte Hilfsmittel für eine gute Ausstrahlung! Der innere Schweinehund streikt zwar manchmal, aber in der richtigen Dosierung, durch Verabredungen, mit neuen Gewohnheiten (nach 21 Tagen ohne Pause geht ein Verhalten ins Unterbewusstsein über) oder durch Kombination mit Belohnungen lässt er sich oft zum Mitmachen überreden.

Wenn der Wunsch der Männer nach attraktiven Frauen oder andersherum Sie zu mehr Glück und Bewegung führt, dann ist das doch wirklich ein Segen für alle Beteiligten.

Sich der eigenen Stärken bewusst sein

»Ich bin eigentlich nichts Besonderes.« Diese Aussage habe ich online im Profil von Karin gelesen, in der Kategorie »über mich«. Das sind Selbstzweifel, die hier ungefiltert durchsickern und sicher viele Männer weiterklicken lassen. Wir alle wollen uns in einen Menschen verlieben, der für uns besonders ist. Und genau das, was uns selbst ausmacht, kann für das passende Gegenüber eine Quelle der Freude sein. Karins zukünftiger Partner wird ihr ausgeglichenes Wesen schätzen und dass sie nicht zu Extremen neigt. Aus dieser Lebenshaltung resultiert auch, dass Karin beständig und zuverlässig ist. Für sie ganz normal, aber alles andere als »nichts Besonderes«.Hier habe ich Änderungsvorschläge für Menschen mit verbreiteten Selbstzweifeln. Ändern Sie die Formulierung ggf. ab, so dass sich bei

Ihnen ein gutes Gefühl einstellt, wenn Sie die veränderte Bedeutung lesen. Denken Sie bitte mehrmals täglich ganz bewusst an diese positiven Umformulierungen. (Achtung: Nicht immer geeignet für Ihren Profiltext, sondern für Ihr Selbstbild!)

Ich bin zu dick. => Mit mir kann man wunderbar kuscheln, ich habe weibliche Formen. Ich bin ein Mann zum Anlehnen.

Ich wirke nicht männlich genug. => Jede meiner Zellen beweist: Ich bin ganz offensichtlich ein Mann.

Ich wirke nicht weiblich genug. => Ich bin eine Frau, durch und durch, und schon deshalb für viele begehrenswert.

Ich bin zu ruhig. => Ich gebe anderen Raum, höre gerne zu und brauche nicht im Mittelpunkt zu stehen.

Ich bin nicht sexy genug. => Meine Reize schlummern im Verborgenen und erwachen bei behutsamer Behandlung.

Ich habe eine Glatze. => Ich kann maximale Hautoberfläche zum Streicheln bieten und viele Frauen finden Glatze sexy, weil sie Ähnlichkeit mit meinem besten Stück hat ;-)

Meine Brüste sind zu klein/groß, meine Haare sind zu lang/kurz/braun, ich bin zu klein/groß. => Es gibt für jedes Aussehen Fans und die Richtige/der Richtige begehrt mich so, wie ich bin.

Das Leben ist gegen mich. => Vielleicht gewährt das Leben mir eine Glückssträhne.

Es ist mir nicht bestimmt ... => Ich weiß, dass es ... gibt und es spricht objektiv nichts dagegen, dass ich auch ... haben könnte. Die Zeit ist reif für diese Erfahrung.

Ich kann nichts bieten. => Was ich bieten kann, ist ... (finden Sie mindestens 3 Kriterien), und das wird ihm/ihr wichtig sein.

Ich bin nicht attraktiv. => An mir ist attraktiv ... (finden Sie mindestens 3 Kriterien), und das wird ihm/ihr wichtig sein.

Ich bin nicht liebenswert. => An mir ist liebenswert ... (finden Sie mindestens 3 Kriterien), und das wird ihm/ihr wichtig sein.

Für mich gibt's niemanden. => Auf jeden Topf passt ein Deckel und womöglich/sicher passt auch einer zu mir.

Ich bin nicht gut genug im Bett. => Allein mein Körper ist ein Quell der Lust - der Rest wird sich finden.

♥ War Ihr Thema nicht dabei? Sie kennen die Formel! Denken Sie nach und finden Sie den Vorteil oder die Realität!

♥ Welche Stärken passen zu Ihnen? Sie können diese gerne unterstreichen und ergänzen: abenteuerlustig, analytisch, angenehm, anpassungsfähig, ausgeglichen, belesen, beliebt, bestimmt, diplomatisch, ehrgeizig, einfallsreich, entscheidungsfreudig, erfrischend, freundlich, friedlich, geduldig, genau, gesellig, gesprächig, humorvoll, idealistisch, integer, klug, kontaktfreudig, kühn, kultiviert, lebhaft, loyal, lustig, munter, musikalisch, mutig, ordentlich, planend, positiv, produktiv, respektvoll, rücksichtsvoll, selbstbewusst, selbstständig, sensibel, spontan, tiefgründig, tolerant, treu, überzeugend, verbindlich, vermittelnd, verspielt, willensstark, zufrieden.

Robin Williams sagt als Sean Maguire im Film »Good Will Hunting«: »Du bist nicht perfekt, und sie ist es auch nicht. Aber das ist nicht, worum es geht, sondern dass wir perfekt füreinander sind!«

Interesse am Mitmenschen macht Sie attraktiv

Auf viele Menschen wirken Sie umgehend sympathisch, wenn Sie Aufmerksamkeit an den Tag legen oder Ihre anderen Liebessprachen einsetzen (siehe Kapitel Liebessprachen S. 43). Wenn Sie Interesse zeigen, den anderen nach seiner Meinung fragen oder ihn um Hilfe bitten – das alles schafft Verbindungen!

Ich weiß das besonders gut, weil ich von Natur aus sehr an anderen Menschen interessiert bin und gerne nachfrage. Das könnte ein Grund sein, warum ich auf andere sympathisch wirke. Funktioniert das bei Ihnen auch? Es gibt jedoch auch bei diesem Sympathieschlüssel die Kehrseite: nämlich die dezente Manipulation.

Ich bin einmal auf einen »Spion« meines Chefs hereingefallen. Der hat mich mit Interesse und Aufmerksamkeit überschüttet und ich habe ihm haarklein alles erzählt, was mir im Leben wichtig ist. Am nächsten Tag der Probezeit war ich gekündigt, wahrscheinlich weil mein Weg nicht mit dem der Firma kompatibel schien. Zuerst ein Schock, dann ein Glück. Das war naiv und ich habe gelernt, privat wie beruflich beim Herz-und-Mund-Öffnen auf Gegenseitigkeit zu achten.

Die Selbstwertkrise

So klein mit Hut ... Kennen Sie diese Momente, Tage oder Phasen, wo Sie sich unwert, ungeliebt, unfähig und hilflos fühlen? Eine Ablehnung, eine überfordernde

Situation, körperliche Probleme, ein Streit – selbst eine Kleinigkeit kann manchmal das Umfeld in eine unfreundliche, gefährliche Welt verwandeln.

Das Gefühl von Kleinsein passt zusammen mit der eigenen Ausstrahlung. Sensitive Menschen nehmen in diesem Fall wahr, dass sich die betroffene Person in ihr Schneckenhaus zurückzieht und zur grauen Maus wird. Kein Leuchten, wenig Strahlkraft. Was also tun, wenn wir uns klein fühlen?

Erlebnis: Minderwertigkeits-Management

Zuerst gehört dazu anzunehmen, dass es so ist, und nicht »es anders haben zu wollen«. Ich nehme mir den Raum, so sein zu dürfen – oder ich schaffe ihn mir.

1. Ankommen, wo ich wirklich bin.

2. Fühlen, was in mir passiert (Traurigkeit, Verletzung, Liebesmangel, ...) und erlauben, dass es sich momentan so anfühlt (Zeit lassen und beobachten, wie es sich im Körper anfühlt).

3. Innehalten und wahrnehmen, was ich jetzt brauche, wo ich von meinem Weg abgekommen bin, was mir die Situation sagen will, welche Chance ich fast übersehen hätte.

4. Je nachdem: mir Ruhe gönnen, meine Liebessprache nähren, mich verbinden mit dem, woran ich glaube, ein Thema angehen und es lösen und in der Konzentration auf mich selbst wieder meine Mitte finden – und meine Strahlkraft.

Variante, wenn ich bei einem Termin strahlen muss, bei einem Date, bei einem Fernsehauftritt, bei einem Vorstellungsgespräch:

1. Wahrnehmen, dass ich beides sein kann: kraftvoll und kraftlos, selbstbewusst und voller Selbstzweifel, mit Charisma und unsichtbar.

2. Die momentan vorherrschende Kleinheit hat mir vielleicht etwas zu sagen, um das ich mich kümmern sollte – dann schreibe ich es mir auf und setze einen Termin, wann ich mich damit beschäftigen werde.

3. Ich entscheide mich für die kraftvolle Variante meines Seins und erinnere mich an Situationen, wo ich mich so schon erlebt habe, oder ich
stelle mir Vorbilder vor, die das verkörpern, was ich jetzt brauche.

4. Ich lege den Schalter um und lebe diese Seite der Realität.

Die Leichen aus dem Keller holen

Das klingt unangenehm ... Ich hatte jahrelang ein zugerümpeltes Kellerabteil
von den Vor-Vor-Vormietern ignoriert. Irgendwann habe ich mich mit Lampe,
Handschuhen, Kopftuch und Müllsäcken an die Arbeit gemacht. Keine tote Ratte
und kein Gespenst sind mir begegnet. Und selbst wenn: Meine überwundene Ab-
scheu hatte mich in einen Schutzanzug aus sprühender Tatkraft und unnahbarer
Stärke eingehüllt.

Nachher klingt alles ganz einfach und man sagt sich: »So schlimm war es doch
gar nicht!« Aber kennen Sie die Qual der Verdrängung? Meiner Meinung nach
lohnt es sich immer, in chronisch unglücklichen Lebensbereichen nach den Alt-
lasten zu forschen.

*Martha war bei mir im Coaching. Sie ist 48, schon lange Single, hat geerbt und braucht
nicht mehr zu arbeiten. Liebe von ihrem Vater hat sie nie bekommen, dafür haufenweise
Kritik an ihrem Aussehen. Ihre Lösung: verschiedene Schönheitsoperationen (Lifting, Na-
senverkleinerung, Brustvergrößerung). Dann sei sie endlich liebenswert, dann würde es
mit den Männern funktionieren. Was ich ihr zu sagen hatte, schien für sie nicht passend
und es blieb bei dieser einen Sitzung. Zwei Jahre später habe ich sie in einer Bar gesehen.
Sie saß mit drei Frauen zusammen, hatte ein süßes Stupsnäschen, war sexy und fast auf-
reizend gekleidet, perfekt geschminkt, wirkte jünger – und traurig. Ich konnte die Mimik
der Verbitterung unter der glatten Haut fast sehen. Ihr Plan schien nicht aufgegangen zu
sein, aber vielleicht täusche ich mich. Ich fürchte, sie hat vergessen, in ihrer Seele für
Schönheit zu sorgen und die alten und neuen Verletzungen mit Aufmerksamkeit und
Liebe und mit fachkundiger Hilfe zu heilen ...*

   ♥ Fällt Ihnen ein Bereich in Ihrem Leben ein, der längst auf Beschäftigung
   wartet?

   ♥ Falls ja: Was oder wer oder welche Eigenschaft würde Sie dabei unterstützen, dieses Thema anzugehen?

Die Opferfalle

Saro war bei einer meiner Dating-Veranstaltungen. Er ist neu in der Stadt, hat noch Mühe, Deutsch zu sprechen und wünscht sich eine Frau. 15 Minuten, nachdem er den Raum betreten hat, geht er wieder. Es gefalle ihm nicht, die Frauen wollen ihn nicht und die Männer seien alle Nazis. Solche Männer würden die Frauen wollen. Ich war sehr erstaunt. Erstens, weil ich sicher bin, dass die Anwesenden (zumindest in der Mehrheit) Ausländern gegenüber offen waren, und zweitens wunderte ich mich, dass er so schnell erkennen konnte, dass keine Frau ihn wollte. Mindestens acht Frauen hätte er zur Auswahl gehabt. Vielleicht hat ihn nicht gleich jede angelächelt, vielleicht war ihm nicht jede sympathisch und vielleicht lag Saro richtiger mit seiner Einschätzung als ich mit meiner.

Was ich beobachte, ist, dass wunde Punkte empfindlich machen. So wie eine Wunde am Körper empfindlich ist und Zeit zur Heilung braucht, so ist auch eine Verletzung im Gefühlsleben empfindlich und braucht Aufmerksamkeit. Wenn ich am Körper eine schmerzende Stelle habe, dann bin ich immer wieder erstaunt, wie oft man diesen Punkt im Alltag berührt. Es ist, als ob man sich am verletzten Fuß tausendmal öfter stößt als am anderen.

Ich schätze, dass Saros Wunde die Ablehnung als Ausländer ist. Aber es gibt noch viele andere Bereiche, die zum Minenfeld werden können. Vielleicht sogar alles, wenn eine Erstverletzung immer und immer wieder Nahrung bekommt. Hans glaubt, die Frauen wollen ihn nicht wegen seiner Glatze – und scheinbar alle Welt bestätigt ihm das. Helene ist extrem empfindlich, was ihre Figur anbelangt. Sie glaubt, weil sie zu dick ist, kann es niemand bei ihr aushalten. Ein anderer glaubt, sein Rollstuhl ist der Grund für seine Einsamkeit, und eine Kundin scheint felsenfest davon überzeugt zu sein, dass sie einem Mann im Grunde nichts bieten kann. Diese Liste könnten wir unendlich weiterführen und ich bin sicher, Sie haben Ihre(n) wunden Punkt(e) sofort im Sinn.

Für uns ist diese Verletzung schmerzliche Realität. Es war einmal so, wir hofften, es würde anders kommen, aber es ist wieder passiert – und vielleicht gibt es sogar eine stattliche Reihe an Bestätigungen und Wiederholungen. Das tut einfach nur weh. Punkt. Der Schmerz kann verschiedene Schattierungen haben. Es kann sich ein Farbtupfer Ohnmacht dazu mischen, eine Prise Wut über Ungerechtigkeit, Hoffnungslosigkeit und Verzweiflung. Jedes Gefühlsbild oder jeder Gefühlscocktail hat seine eigene Mischung aus den Standardzutaten der menschlichen Gefühlswelt.

Was tun? Hier sind verschiedene Vorschläge. Finden Sie wie immer selbst heraus, welche Vorschläge Sie übernehmen möchten und welche für Sie die passende Vorgehensweise ist: Welche Zutaten, in welcher Dosis und Reihenfolge passen ideal zu Ihrem Leben? Mischen Sie Ihr ureigenstes Rezept!

- ♥ Das Muster der Verletzung erkennen und beobachten.
- ♥ Für Schonung sorgen. (Ich habe mich jahrelang mit keinem Mann eingelassen, weil ich zuerst die Stärke entwickeln wollte, beim Sex auf meine Wünsche zu achten.)
- ♥ Ausnahmen im Außen finden. (Den Fokus umkehren und Beispiele suchen, wo Ihr »Hindernis« für jemand anderen kein Hindernis ist. Also z.B. Paare finden, wo jemand Ausländer, glatzköpfig, dick usw. ist.)
- ♥ Mit Freundinnen und Freunden darüber reden und Kapitel »Wie heile ich alte Verletzungen?« beherzigen.
- ♥ Therapie, Beratung, Seminare etc.
- ♥ Bücher über Opferrolle und Selbstliebe

Autobiografie in vier Kapiteln (nach: »Das Tibetische Buch vom Leben und Sterben« von Sögyal Rinpoche)

1. Ich gehe eine Straße entlang. Im Gehsteig ist ein tiefes Loch. Ich falle hinein. Ich bin verloren und ohne jede Hoffnung. Dabei habe ich nicht einmal Schuld. Ich brauche eine Ewigkeit, um einen Ausweg zu finden.

2. Ich gehe die gleiche Straße entlang. Im Gehsteig ist ein tiefes Loch. Ich gebe vor, es nicht zu sehen. Ich falle wieder hinein. Ich kann nicht glauben, dass ich schon wieder an diesem Ort bin. Dabei kann ich nicht einmal was dafür. Ich brauche wieder sehr, sehr lange, bis ich den Ausweg gefunden habe.

3. Ich gehe dieselbe Straße entlang. Im Gehsteig ist ein tiefes Loch. Ich sehe, dass es da ist. Ich falle wieder hinein. Es ist eine Angewohnheit von mir. Meine Augen sind offen. Ich weiß sofort, wo ich bin. Es ist mein Fehler. Ich klettere sofort hinaus.

4. Ich gehe dieselbe Straße entlang. Im Gehsteig ist ein tiefes Loch. Ich weiche aus.

»Es gibt nur zwei Tage im Jahr, an denen man nichts machen kann. Der eine heißt gestern und der andere morgen. Heute ist der richtige Tag um zu lieben, zu vertrauen, zu tun und vor allem zu leben.« *(Dalai Lama)*

Die Anspruchsfalle

Manche Singles scheitern an ihren hohen Ansprüchen bei der Partnersuche. Sie soll 20 Jahre jünger sein, schlank und sportlich, er muss einen Uniabschluss haben. Ein Rechtschreibfehler im Profil führt zum Wegklicken. Er soll Mitte 40 sein, begehrenswert und attraktiv – aber auf keinen Fall Kinder haben und am besten noch keine Frau vorher.

Kommt Ihnen das bekannt vor, in Teilen? Es gibt eine Sorte Menschen, die sehr anspruchsvoll sind in ihrer Partnerwahl. Häufig sind das Personen, die an sich selbst hohe Erwartungen stellen und die in einem kritischen Umfeld aufgewachsen sind. Ganz ehrlich: So eine starre Anspruchshaltung wirkt auf viele Menschen abstoßend. Es könnte vorkommen, falls doch jemand ihren Erwartungen genügt, dass diese Person sie nicht will. Anspruch ist nicht Liebe. Rentenansprüche kann ich mir erwerben, aber Liebe? Es gibt die Menschen, die es sich leisten können auszusuchen. Ob Sie dazugehören, merken Sie am besten daran, ob Sie die Wahl haben. Falls sich nach längerer Partnersuche zeigt, dass Sie nicht die Wahl haben, dann haben Sie vielleicht ein anderes Bild von sich als der Rest der Welt.

Eine Prise Menschlichkeit tut vielen Perfektionisten gut. Und manchmal hilft die Frage, ob Ansprüche ein Gefühl der eigenen Wertlosigkeit ausgleichen sollen. Wenn Sie so einen Teil in sich entdecken: wunderbar und ganz menschlich! Das kann schon die Lösung sein.

Innerer Druck und Peinlichkeit

Was die Partnersuche oft unnötig erschwert, ist ein innerer Erfolgsdruck, der aus der Scham über angeblich vergangenes »Scheitern« entsteht. »Alle Freunde haben bereits Familie, nur ich nicht, was mache ich nur falsch?« »Jetzt habe ich doch schon so viele Beziehungsversuche hinter mir, beim nächsten Mal muss es unbedingt klappen.« »In meinem Alter kann ich mir keinen Fehler mehr leisten.« »Niemand darf wissen, dass ich Single bin.« So oder so ähnlich lauten die inneren Botschaften, die einen Misserfolg verhindern sollen, die in Wahrheit vor allem eines bewirken: einen großen inneren Druck.

Auch »Ich bin Single, wie peinlich«, höre ich häufig. »Ich bin in Beziehung, wie peinlich«, das höre ich dagegen nie. Dabei ist es bei vielen Paaren einfach passiert. Ineinander verliebt, zusammengeblieben, mehr oder weniger glücklich. Vielleicht hatten die einfach mehr Glück, vielleicht haben sie sich aber auch schneller zufriedengegeben. Vielleicht hatten sie andere Vorbedingungen, ja, vielleicht waren sie mutiger – aber vielleicht sind sie zu feige, sich zu trennen … Die Leben sind verschieden, und Sie sind da, wo Sie eben sind. Es ist nichts falsch daran, Single zu sein. Es ist kein beschämender Zustand, sondern ein natürlicher. Wir werden als partnerschaftlicher Single geboren und irgendwann stellen wir uns der Wahl, uns mit einem anderen Menschen in Liebe zu verbinden oder nicht. Manche Menschen üben das Wählen immer und immer wieder, andere üben das Festhalten oder Sich-Zurückhalten und andere konzentrieren sich auf die übrigen Lebensbereiche. Die Menschen sind verschieden. Anders sein zu wollen, als man ist, an einem andern Punkt im Leben stehen zu wollen, das macht gewaltigen Stress. Unter Stress greifen Menschen nach Strohhalmen. Die nächstbeste Rettung ist gerade gut genug, Hauptsache, sie bringt einen weiter. Unter Stress verlieren wir die Flexibilität des Denkens, die Ruhe zu spüren, was stimmt, und die Freiheit, verschiedene Lösungswege miteinander zu vergleichen. Es wäre schön, wenn man sich in einen Zustand der Ruhe und Freiheit versetzen könnte, um kleine und große Entscheidungen bewusst zu wählen.

Doch wie komme ich in so eine Gemütsverfassung, wenn die innere Stimme Druck macht? Manchmal melden sich sogar im Außen kritische oder wohlmeinende Stimmen, die sagen: »Jetzt reiß dich aber mal zusammen und finde eine passende Partnerin! So schwer kann das doch nicht sein und andere schaffen das ja auch!«

Die erste wichtige Tat ist, mit sich selbst Frieden zu schließen. Schritt 1 dieses Anti-Stress-Trainings ist: erkennen, wo man steht, und sich erlauben, dort zu sein. Sich bewusst zu machen, warum sich in der Vergangenheit die Dinge so entwickelt haben und die Position einzunehmen, die der heutigen Realität entspricht.

»Aber ich will nicht sein, wo ich bin, ich will Beziehung!«, höre ich jetzt schon die Ersten rufen. »Ich will nicht Single sein, auch wenn ich das Recht dazu habe.« Was hier schmerzt, das ist die Sehnsucht und der Schmerz über scheinbar verpasste Erfahrungen. Ja, das tut weh!

Dirk hat sich beim Skifahren die Ferse gebrochen. Das tut auch weh. Der Gips zwingt ihn zum Liegen und er muss sich ohnmächtig (ohne Macht) der Situation fügen. Auch er muss sich Schritt 1 zuwenden, um inneren Frieden zu finden: sich fügen. »Fügen« – ein altmodisches Wort. Und auch wenn die Sehnsucht brennt, wenn die Schmerzen unerträglich sind: Um einen neuen Weg zu planen, muss ich mit meinem Navi am aktuellen Standort beginnen. Der Herzenswunsch bestimmt die Richtung und ist die treibende Kraft auf der Reise. Der vorhandene Schmerz will gefühlt werden und gibt die Kraft, über den besten Weg nachzudenken. Und manchmal tut es den besonders Getriebenen auch einfach gut, anzuhalten und nichts zu tun.

Es ist nicht peinlich, Single zu sein, es ist nicht peinlich, sich eine Beziehung zu wünschen. Das kann jedem passieren. Es kann sich nach »Pein« anfühlen, etwas nicht zu haben. Nutzen Sie die Kraft, die im Schmerz steckt, für Veränderung statt für innere Selbstbeschuldigung.

♥ Was können Sie tun, um zu Ihrem Ziel zu gelangen?

Dass Sie dieses Buch lesen, ist bereits ein gutes Zeichen für neue Wege!

Verzweiflung und Ausdauerkrisen

Wann ist der richtige Zeitpunkt für eine glückliche Beziehung? Sabine Standenat sagt: »Wenn die Zeit reif ist.« Aber wann ist die Zeit reif? Geht mein Weg in die richtige Richtung? Was mache ich nur falsch?

Auch wenn Krisen extrem unangenehm sind: Sie schaffen Raum für ein neues Sein, das in diesem Moment naturgemäß noch unsichtbar ist. Krisen schütteln uns und unsere Wertvorstellungen durch, trennen Wesentliches von Unwesentlichem und sind eine riesige Chance. Nur durch die Krise wird klar, was von dem angesammelten Lebensballast, von Dingen und Ideen noch notwendig ist. Die Kahunas auf Hawaii haben als Vokabel für Krise das Wort wie für »Neubeginn«. Das klingt doch gleich ganz anders, oder?

Wer im Auge des Sturmes sitzt, kann nur noch einmal die Umstände prüfen und die überlebenswichtigen Dinge regeln, der Rest ist Hingabe ans Leben. Die anonymen Gruppen machen das in ihrem 12-Schritte-Programm sehr deutlich, das aus der Kapitulation besteht und dann aus einem Wechsel von Hingabe an eine höhere Macht und eigenverantwortlichem Leben. Nicht gleichzeitig, Schritt für Schritt, alles zu seiner Zeit.

Man kann den Weg nicht kennen und schrecklich leiden – und man kann den Weg nicht kennen und mit heiterer Gelassenheit innehalten bzw. den Fuß weiter setzen. In der ersten Variante ist viel Leid enthalten, viele Zweifel, Verzweiflung, in der zweiten Variante ist ein (Gott-)Vertrauen enthalten, das für Ruhe sorgt. Mir hat schon oft geholfen, die bewusste Verbindung aufzunehmen zu dem, woran ich glaube (und ich kann nicht einmal genau sagen, was das ist).

Schritt 11 der anonymen Arbeitssüchtigen lautet: »Wir suchten durch Gebet und Besinnung, unsere bewusste Verbindung zu Gott – wie wir ihn verstanden – zu verbessern. Wir baten ihn, seinen Willen für uns erkennbar werden zu lassen, und um die Kraft, ihn auszuführen.«

Kommen Sie zur »Be-Sinn-ung«. Selbstbeschuldigungen und Grübeleien sind fehl am Platz. Was Sie brauchen ist Ermutigung, gute Gespräche und ein wenig Geduld, bis aus dem Chaos neue Erkenntnisse entstehen.

Übrigens machen fünf Prozent meiner Coaching-Kundinnen und -Kunden alles richtig und sind dennoch verzweifelt. Sie lernen reichlich neue Menschen in den richtigen Kreisen kennen, sie sind mit sich selbst zufrieden und mit ihrem Leben im Reinen, sie haben keine überzogenen Wunschvorstellungen und dennoch eine Vision und Sehnsucht im Herzen, sie sind selbst »eine gute Partie« – und sind völlig ratlos, wie es weitergehen soll. Für diese Menschen hat Franz Kafka die Lösung. Er schreibt: »Verbringe deine Zeit nicht mit der Suche nach einem Hindernis, vielleicht ist keines da.«

Wer auf Dauer das Richtige tut, kommt ans Ziel. Und die innere Ruhe stellt sich bereits ein, wenn Sie nur die Richtung zur Richtung gefunden haben.

Wie heile ich alte Verletzungen?

Sehr unangenehme Gefühle kapselt der Mensch quasi ab. Ein 50 Jahre altes Erlebnis und das dazugehörige Gefühl kann sich genauso frisch und lebendig anfühlen wie ein neues. Und schon eine kleine Erinnerung (derselbe Tonfall, dieselbe Berührung, die Blume auf der Bettwäsche) kann dazu führen, dass das alte Drama ins Bewusstsein gespült wird. Es wird restimuliert.

Was es jetzt braucht, ist ein sicherer Rahmen; dann kann sich die Emotion entfalten. Bei Gefühlen werden Hormone ausgeschüttet. Diese breiten sich im menschlichen Organismus aus – und wenn keine neue Anregung neue Hormone nachfüllt, ist die Substanz nach ein bis zwei Minuten wieder abgebaut. Man merkt das sehr gut, wenn man erschrickt, in Alarmbereitschaft geht und sofort merkt, dass z.B. nur ein Luftballon geplatzt ist. In Kürze ist alles vergessen.

Wenn die Situation von den Gedanken unterstützt wird, dann schüttet der Körper weiterhin Hormone aus. Das funktioniert sogar ohne jeden äußeren Anlass. Sie brauchen sich nur den Biss in eine Zitrone lebhaft vorzustellen. Da fließen wahrscheinlich keine Hormone, sondern nur Speichel. Jedenfalls reagiert der Körper prompt.

Zurück zum Drama. Wir stellen uns vor, es besteht keine Lebensgefahr, kein Handlungsbedarf, »nur« die Erinnerung ist da. Der Schmerz, die Umstände und Ihre Prägung haben bewirkt, dass Ihr System die Situation damals nicht verarbeitet hat. Das will jetzt nachgeholt werden. Wenn in einem engen Bergtal die Wolken hängen, dann scheint keine Sonne. Erst wenn es regnet, wird die Wolkenschicht dünner und dünner – und dann kommt das Licht wieder hell und strahlend bis zum Boden. Also: Lassen wir die Gefühle »regnen«. Der Prozess wird Entlastung genannt und durch liebevolles Zuhören gefördert. Er besteht aus folgenden Reaktionen: lebhaftes Erzählen (es sprudelt heraus), Lachen, Weinen, Zittern und Gähnen. Wenn Sie diese »Symptome« bei anderen beobachten: Es könnte sich um den gesunden Heilungsprozess handeln. Achtung: Das Weinen ist meistens nicht der Schmerz! Wenn die Situation schon vorüber ist, dann ist das Weinen die Verarbeitung. Stoppen Sie die Neuverletzung, nicht die Heilung. Dann regnet die Wolkendecke ab. Kinder folgen dieser Regeneration noch unmittelbar. Wenn sie genug geweint haben, jeder anwesenden Person das Pflaster am Knie dreimal gezeigt haben (das entspricht der Kategorie »Reden«), dann ist der Schmerz vergessen. Und zwar völlig. Den meisten Erwachsenen wurde diese Art der Heilung leider völlig abtrainiert.

Zuhören

Kultivieren können Sie diesen Prozess, indem Sie Raum zum Reden, Fühlen und Entlasten haben. Ich tausche seit Jahrzehnten Zeit mit mitfühlenden Menschen. Er 15 Minuten, ich 15 Minuten; ich 55 Minuten, sie 55 Minuten – je nach Vereinbarung. Die Stoppuhr läuft und beide haben die Gelegenheit, der anderen Person ohne Unterbrechung ihre Geschichte zu erzählen. Das Gegenüber ermutigt nur durch aktives Zuhören, in die Tiefe zu gehen, greift jedoch nicht in den Prozess ein. Das ist zuerst ungewohnt, aber extrem hilfreich. Unter dem Begriff Counseling oder Co-Counseling verbreitet sich diese Technik weltweit in unterschiedlichen Selbsthilfeschulen.

Fühlen und Upload

Ich möchte Ihnen noch eine andere Art der Gefühlsverarbeitung zeigen: das Zulassen und Fühlen der Gefühle. Üblicherweise scheuen wir uns vor dem Schmerz und entfliehen. Aber wenn er immer wieder kommt, herumgeistert wie ein unerlöstes Wesen, dann braucht er Aufmerksamkeit.

Erlebnis: Fühlen mit Upload

Fehlen Ihnen Beispiele? Wie wär's mit Einsamkeit, Verlassensein, Sehnsucht, Schmerz, Eifersucht, Angst, ... Oder was ist Ihr Thema? Ganz präzise, das, worum es im Kern geht?

Finden Sie einen ruhigen und sicheren Ort und stellen sich dem »Drachen«. Nehmen Sie ein konkretes Gefühl, das Ihnen scheinbar im Weg steht (jedoch nur um Beschäftigung fleht), und fühlen Sie es.

Beobachten Sie, wie der Körper reagiert und wo Sie dieses Gefühl spüren. Interessant, oder?

Und jetzt stellen Sie sich vor, dass Sie mit einer senkrechten Lichtleitung mit der Datenbank des Lebens verbunden sind. In diesem Supercomputer werden alle menschlichen Erfahrungen und Gefühle gesammelt. Sie machen mit bei diesem unendlichen Wiki-Netz und dürfen genau jetzt »Ihr« Gefühl »hochladen«. Steigern

Sie die Intensität, die Detailtreue dieser Erfahrung, so dass die Kopie auch perfekt gespeichert wird. Wenn Sie es schon so schwer hatten mit diesem Erlebnis, dann soll es doch auch der Allgemeinheit nutzen, oder? An irgendeinem Punkt merken Sie (und das kann sehr schnell gehen), dass die Kraft aus dem Gefühl nachlässt. Anfangs hat es noch Ihren Körper »im Griff« gehabt und plötzlich wird es weniger. Das ist das Zeichen, dass der »Upload« fertig ist.

Ich weiß nicht, ob es diese Datenbank wirklich gibt, doch die Vorstellung hilft – und das Ergebnis zählt. Alle Gefühle, denen ich mich auf diese Weise zutiefst ehrlich gestellt habe, haben sich aufgelöst. So restlos aufgelöst, dass ich mich nicht einmal mehr daran erinnere.

Aus der Angst vor der Wiederholung entsteht oft eine ganze Reihe ähnlicher Erfahrungen. Sich der Kernangst wirklich zu stellen, beendet die Serie, denn damit löst sie sich auf.

Ich glaubte, ich hätte bereits gut aufgeräumt, als meine große Liebesgeschichte begann. Aber schon stand das nächste Drama vor der Tür: Es war so schön, jetzt hatte ich Angst, das Schöne wieder zu verlieren. Gut, mit etwas Glück würden wir einige Jahre miteinander glücklich sein, doch dann? Wo vorher schmerzliche Sehnsucht war, entstand jetzt Verlustangst im Tanz des Lebens.

Was ich getan habe, ist, die Gefühle von Verlust und Schmerz zu fühlen und anzunehmen. Ob es sich um Angst vor der Erfahrung oder um Erinnerung an frühere Verluste handelt, spielt dabei keine Rolle. Ina, die viele wechselnde und intensive Liebesbeziehungen hatte, wurde einmal gefragt: »Wie hältst du das aus mit all den Trennungen?« Sie antwortete: »Wenn ich verliebt bin, dann lache ich laut, und wenn es vorbei ist, dann weine ich laut.«

Ein Ende ist gleichzeitig ein Neubeginn auf einer anderen Stufe. Sich dem Ende einer Phase zu widersetzen, heißt für mich, sich dem Fluss des Lebens zu widersetzen. Kennen Sie das Gedicht »Stufen« von Hermann Hesse? Das passt so schön zum Thema. Unbedingt lesen bei Gelegenheit!

Manche Phasen sind lang und glücklich und haben ein Happy End. Unser Herzenswunsch sagt uns, nach welcher Art von Glück unser Erfahrungshunger ruft. Das ist unsere Reiseroute, dahin zeigt unser Herz-Kompass!

Hinderliche Glaubenssätze verändern

Manche Hindernisse wurzeln nicht im Gefühl, sondern im Kopf. Wir glauben fest an etwas und die Realität hat keine Chance, uns das Gegenteil zu beweisen. Ob das eine sich selbst erfüllende Prophezeiung ist oder mit unserer Wahrnehmung zusammenhängt, das weiß ich nicht. Der Effekt ist jedenfalls häufig zu beobachten. Die gute Nachricht: Glaubenssätze kann man mit Nachdenken verändern und Raum für neue Erfahrungen gedanklich vorbereiten.

Anne hat ihren Glaubenssatz aufgespürt. Tief drinnen ist sie überzeugt: »Wenn mir etwas wirklich wichtig ist im Leben (wie die Liebe zum Beispiel), dann bekomme ich das nicht.«

Im ersten Schritt denkt sie nach, ob das schon immer so war, in welchen Situationen ihr das auffällt und ob es jemals anders war. Sie erinnert sich an weit zurückliegende Situationen und muss zugeben, dass sich hin und wieder auch ein Herzenswunsch erfüllt hat. (Sie macht eine gründliche Bestandsaufnahme des Themas.)

Danach ermutige ich sie, den Vorteil in ihrem ursprünglichen Gedanken zu finden. Das ist meistens schwierig, aber sie findet Gründe. Einer davon: Geringe Erwartungshaltung schützt vor Enttäuschung. Ein echter Vorteil! Jetzt sind wir schon auf der Zielgeraden. Was wäre eine neue Formulierung, die besser zu ihrem Leben passen würde? Wir spielen mit den Worten: Es könnte sein, dass meine Herzenswünsche sich erfüllen.Was mir wirklich wichtig ist, das darf sein. Was mir wichtig ist, das bekomme ich.

Zuerst gefällt ihr die vorsichtige Variante besser, aber schon Minuten später wechselt sie zu der kraftvolleren und strahlt. Die neue Idee ist bereit, sich in ihrem Bewusstsein auszubreiten.

Diese Technik funktioniert deshalb häufig so gut, weil unreflektierte Gedanken gründlich beachtet und weil Alternativen »gesät« werden. Oft gehen wir immer denselben Weg, weil wir keine andere Lebensroute kennen oder aus Mangel an Nachdenken nicht an eine Alternative glauben. Das Rezept in Kurzform:

Erlebnis: Glaubenssätze verändern

Sie brauchen Ihren Kern-Glaubenssatz schriftlich.

Schritt 1 ist gründliches Nachdenken, ob das immer so war oder ob es Ausnahmen gibt.

Schritt 2: Finden Sie den Vorteil an diesem Gedanken.

Schritt 3: Formulieren Sie ein »Gegengift«. Das kann das genaue Gegenteil sein oder Varianten davon.

Die sehr gründliche gedankliche Beschäftigung mit jedem Schritt ist entscheidend für das Gelingen. Sie treten mental einen neuen Pfad aus in Ihren Gehirnwindungen, einen, den Sie bisher nie gedacht haben.

Ein anziehender Lösungssatz sollte Sie in nächster Zeit immer wieder begleiten, bis die neue Information in Fleisch und Blut übergegangen ist.

❤ Welche Ihrer Gedanken halten Sie ab von dem, was Sie sich eigentlich wünschen?

❤ Wovon sind Sie überzeugt?

Konzentration auf die Möglichkeiten

Erinnern Sie sich an die Gauß'sche Verteilungskurve? Die besagt, dass es im Mittelfeld die meiste Anzahl gibt (so entsteht Mehrheit) und dass die Anzahl in Richtung beider Extreme absinkt.

Für Ihre Partnersuche bedeutet das, wenn Sie durchschnittlich aussehen, durchschnittlich begehrt sind, durchschnittliche Wünsche haben, dann werden Sie viel Auswahl haben.

Wenn Sie sich von Ihren Wünschen oder von Ihrem »Marktwert« her im Randbereich befinden, dann heißt das nicht, dass es für Sie niemanden gibt. Das heißt nur, dass Sie weniger Auswahl haben und im Durchschnitt (!) etwas länger suchen müssen. Es gibt diese passenden Menschen. Und die wollen genau Sie!

Robert ist Handwerker und mit 1,65 cm nicht der Größte. Er ist ein ruhiger Typ, dessen Humor nicht gleich sichtbar ist – und die Frauenherzen fliegen ihm nur so zu! Ich kenne ihn schon fast 20 Jahre und staune immer wieder, welche Superfrauen an seiner Seite sind.

Katharina sitzt seit einem Unfall im Rollstuhl. Schon immer haben die Männer bei ihr Schlange gestanden und die Behinderung hat daran nichts geändert.

Ebenso Harald: mehrfach behindert und nach zwei Freundinnen in Folge jetzt seit 10 Jahren die Eine an seiner Seite.

Natascha sieht nicht aus wie ein Fotomodel und trägt einige überflüssige Kilos mit sich herum. Sie hat lange gesucht. Mit 40 hat sie sich von ihrem Mann getrennt, jetzt ist sie 58. Nie war da einer, der sich für sie interessiert hätte. Und plötzlich war der Richtige da! Gleichaltrig und die große gegenseitige Liebe. An diesem Wochenende, an dem ich diese Zeilen schreibe, verloben sich die beiden in Venedig.

Rudolf ist ein kleiner Angestellter, extrem schüchtern, und er stottert. Im echten Leben hat er kaum eine Frau angesprochen und ist schließlich auf eine Partnerbörse ausgewichen, wo er kaum Resonanz bekam. Er hat an sich gearbeitet, sein Selbstwertgefühl gestärkt – und ob es daran lag oder an etwas anderem: Plötzlich war sie da! Kaum zu glauben, denn sie war noch zurückhaltender als er. Hunderte E-Mails, bis sie gewagt hat, ihre Telefonnummer preiszugeben, Monate bis zum ersten Treffen, weitere Monate bis körperliche Nähe sein durfte. Sie haben es geschafft, durch diese Zeit zu kommen, und sind sehr glücklich, sich gefunden zu haben.

Elvira ist selbstständige Ärztin und 61. Auch bei ihr sind viele Jahre seit ihrer Ehe vergangen. Nichts hat sich ergeben, keiner war an ihr interessiert. Sie hat gewisse Ansprüche an Kultur und Bildung bei ihm. Jetzt hat sie (mit Hilfe) begonnen, intensiv auf Partnerplattformen auffindbar zu sein, und zusätzlich noch eine Anzeige geschaltet – und die Männer stehen Schlange bei ihr! Endlich fühlt sie sich wieder umworben und als Frau – und ihre Stimme hat sofort den harten, kämpferischen Unterton verloren.

Es gibt den berühmten Deckel für jeden Topf. Und wer auf Dauer das Richtige tut, wird ans Ziel kommen. Auf unserem Weg lernen wir natürlich dazu, ändern uns selbst und unseren Blick auf die Welt. Wunderbar, das ist Entwicklung und der Reifungsprozess.

Was Sie ab sofort ändern können, das ist, Ihre Wahrnehmung auf die Möglichkeiten zu richten statt auf die Schwierigkeiten. Wo finden Sie Menschen, denen es ähnlich ergeht wie Ihnen und die das gefunden haben, was Sie sich wünschen? Wenn es für andere möglich war, warum nicht auch für Sie?

Glückscounseln

Vor drei Jahren hat mich Ute, eine liebe Bekannte, unerwartet angerufen. Wir führten ein inspirierendes Telefongespräch und daraus entstand folgender Plan: Wir wollten unser persönliches Glück durch Konzentration auf das Gute stärken. An jedem Werktag verabredeten wir uns zu einer bestimmten Uhrzeit und jede erzählte der anderen 10 Minuten lang, was sie gerade glücklich macht und wofür sie dankbar ist. Wir haben eine Stoppuhr gestellt, um einen klaren Rahmen zu haben, und jeden Tag neu entschieden, wer beginnen möchte. Zwei Jahre haben wir das intensiv beibehalten, dann wurden die Intervalle länger. Eine wunderbare Schulung in Aufmerksamkeit und eine echte Glücksdusche! Unser Energieniveau war nach den Telefonaten regelmäßig hoch und hat sicher auf viele Entwicklungen dieser Zeit positiven Einfluss genommen. Sicher gab es Tage, an denen es uns schwerfiel. Da half dann oft schon, die andere beginnen zu lassen und sich von ihrem Glück inspirieren zu lassen. Und es gab Tage, an denen wir uns zuerst Leid und Ärger von der Seele reden mussten, bevor wir (immer innerhalb der zehn Minuten) wieder auf die Glücksschiene einbogen. Empfehlenswert, denn: »Energy flows where attention goes« (Energie folgt der Aufmerksamkeit). Sie können diese Schulung natürlich auch schriftlich machen – was für Sie besser passt.

Die Macht der Gedanken

Liebe macht schön – und das in beide Richtungen: Die Wertung beim Betrachter ändert sich und auf magische Weise auch die Ausstrahlung beim betrachteten Menschen. Ich war bei einem kinesiologischen Versuch dabei, den der Mentaltrainer Jörg Löhr in einer Halle vor tausenden Menschen vorgeführt hat. Ein Herr aus dem Publikum, nennen wir ihn Hans, wurde auf die Bühne gebeten und sollte den Arm ausstrecken. Der Trainer versuchte die Hand nach unten zu drücken und der Mann hielt dagegen. Ein Kräftegleichgewicht. Dann wurde Hans weggeschickt und das Publikum in den Ablauf eingeweiht. Der Armdruckversuch würde dreimal durchgeführt werden. Beim ersten Mal sollte das Publikum wohlwollend über Hans denken, beim zweiten Mal mit Missgunst und Abwertung und beim dritten Mal sollte es gedanklich Lob und Liebe im Überfluss senden. Sie ahnen das Ergebnis?

Die Wirklichkeit war überwältigend: Der Arm der Versuchsperson war bei den positiven Gedanken vor lauter Kraft nicht von der Stelle zu bewegen. Und als tausende Menschen Ablehnung sendeten, sank sein Arm schon bei der ersten Berührung Richtung Boden. Am deutlichsten stand die Überraschung Hans selbst ins Gesicht geschrieben: Er hatte sowohl unterschiedlichen Druck wahrgenommen (der jedoch gleich gewesen sein sollte) und er hatte in sich selbst Kraft bzw. Schwäche gespürt. Ich schätze, das Ergebnis wird jede Fußballmannschaft bestätigen können. Falls Sie am Versuch zweifeln: Machen Sie ihn doch einfach im Freundeskreis nach!

Für Singles bedeutet das, dass auch ein Schwärmen auf Entfernung beim Gegenüber ankommen kann. Ob bewusst oder unbewusst, Sie beeinflussen das Ergebnis. Ob Sie Ihr Gegenüber gedanklich bereits ausgezogen haben, Zentimeter um Zentimeter voller Argwohn und Kritik abchecken oder einfach Präsenz und Liebe ausstrahlen, die Reaktionen werden verschieden ausfallen. Am neutralsten senden Sie, wenn Sie offen sind und ohne großartige Gedanken den Moment wahrnehmen.

Vorsicht: Wenn Sie allerdings schon jahrelang vergeblich verliebte Gedanken schicken, dann sollten Sie in diesem Fall deutlicher werden. Ich habe in meiner Jugend einen Verehrer konsequent ignoriert und mich bei einem anderen nicht getraut, auf seine »Botschaften« einzugehen, bis er irgendwann mit einer anderen gegangen ist. Riskieren Sie aktive Entscheidungen und akzeptieren Sie, dass jemand sich Ihnen und Ihren Gefühlen gegenüber verschließt.

Und bitte seien Sie achtsam, was Sie über sich selbst denken. Wenn schon andere davon beeinflussbar sind, wie stark mag das im Selbst wirken?

Spezielle Situationen

Zu attraktiv

Viele sagen mir, dieses Problem hätten sie auch gerne einmal, aber ich weiß: Es kann eine große Last sein, überdurchschnittlich attraktiv zu sein.

Rolf ist 50 und sieht sehr gut aus! Ein Künstler mit innerer Ruhe und guten Umgangsformen. Er beklagte sich bei mir, dass die Frauen heutzutage nur noch auf Sex aus seien. Mit keiner komme eine längerfristige Beziehung zustande.

Ines ist 38, zierlich gebaut und immer flott und modern gekleidet. Auch sie gerät ständig an Männer, die längerfristig uninteressiert seien.

Gabriel, 42, sieht nicht aus wie ein Fotomodel, doch er kommt aus einer wohlhabenden Familie. Er verkehrt im entsprechenden Umfeld und ist sich nie sicher, ob die jeweils aktuelle Dame ihn oder sein Geld liebt.

Drei Beispiele und eine Kernverletzung: Werde ich um meiner selbst willen geliebt oder wegen äußerer Umstände wie Schönheit, Prestige, Staatsbürgerschaft, Komfort oder Reichtum? Es kann sich sehr schmerzhaft anfühlen, darüber nachzudenken. Und es will akzeptiert sein, dass es im Leben auch diese Variante gibt. Genauso wie es die Variante gibt, bedingungslos geliebt zu werden (siehe Erlebnis: Bedingungslose Liebe S. 22).

Reichtum lässt sich beim Kennenlernen manchmal verstecken, Schönheit und Berühmtheit dagegen nicht. Gelegenheit macht Liebe, das gilt besonders für die süßen Verlockungen am Wegrand. Rolf braucht nur irgendwo aufzutauchen und die Damen, die sich einen schönen männlichen Körper wünschen, werden aufmerksam. Auch bei Ines ist das so. Sie ist das klassische Zielobjekt von Serienverführern. Und auf Gabriel lauern bereits die Mädels, die mit seiner Kreditkarte shoppen gehen wollen. Es ist überall dasselbe evolutionäre Spiel, das uns alle nach persönlichen Verbesserungen streben lässt.

Lösungsvorschlag: Machen Sie sich klar, was Sie sich wünschen, wer zu Ihnen passt und woran Sie erkennen, dass der oder die Richtige an Ihrer Seite ist. Schriftlich. Seien Sie sich bewusst, dass Sie eine Versuchung darstellen. Sie wissen das bereits aus Erfahrung, während Ihr Gegenüber vielleicht noch im Rausch der Möglichkeiten ist, die Sie bieten, ohne es selbst zu wissen. Ja, ein Rausch, den Sie auslösen! Die Verliebtheit fühlt sich echt an. Es ist wenig romantisch, aber die Klarheit kommt, wenn sich der rosa Schleier lüftet. Wenn Ihre Schönheit oder Ihr Geld oder Ihr Status gewohnter werden, erst dann entsteht Raum für die anderen Strömungen.

Wirklich Pech, wenn Sie an einen guten Spieler geraten, wie Karin, die nur für die Aufenthaltserlaubnis geheiratet wurde, oder wie Theo, der als Alimentezahler missbraucht wurde. Karin hat sich eine Checkliste gemacht, woran sie in Zukunft einen für sie guten und vertrauenswürdigen Mann erkennt. Ich bin sicher, das wird sie im Zweifelsfall unterstützen.

Neben »zu attraktiv« gibt es noch die **Variante »zu sympathisch«**. Wir neigen dazu, die Menschen als sympathisch zu empfinden, die uns für sympathisch halten. Eine Falle, denn mit diesem Verhaltensmuster geben wir die ganze Entscheidung in die Verantwortung unseres Gegenübers.

Lassen Sie sich Zeit zum Lernen und zum Erfahrungen-Sammeln und genießen Sie es, zum Wissenden oder zur Wissenden zu werden. Andere Menschen haben andere Hindernisse zu überwinden, Sie haben diese. Das ist das Spiel des Lebens! Was wir tun können? Nur unser Bestes und mit dem Restrisiko leben.

Vor Liebe blind

Manchmal macht Liebe wirklich blind, weil wir die Wahrheit nicht sehen wollen. Ziemlich krass drückt es Alex gegenüber Gigi im Film »Er steht einfach nicht auf dich« aus: »Wenn ein Kerl dich so behandelt, als wenn du ihm scheißegal wärst, dann kannst du davon ausgehen, dass du ihm scheißegal bist.« Das gilt natürlich auch für Frauen, die Männer so behandeln. Alles klar?

Liebeskummer

Schmerz! Abserviert, Schluss gemacht, einen Korb bekommen, die Beziehung beendet, Scheidung angesprochen, getrennt – wie auch immer es genannt wird: Da, wo Liebe war, ist plötzlich brennender Schmerz. So hoch der Jubel vorher war, so tief und hart ist jetzt der Fall ins Nichts. Eine Trennung kann sich anfühlen wie Verbrennen bei lebendigem Leib, kann das Selbstwertgefühl niederschmettern und die Einsamkeit unendlich werden lassen. Was für eine intensive Erfahrung! Ein kleines Boot im Sturm, meterhohen Gefühlswellen ausgeliefert, dem Untergang nah.

Was hilft, ist dasselbe wie auf hoher See: die Wellen nicht ignorieren, sondern beobachten und mitgehen. Also die Gefühle fühlen, sich durch die Aufs und Abs tragen lassen (siehe Erlebnis: Fühlen S. 21) und durchhalten, bis es vorbei ist. Ich habe schon viele Verlustopfer erlebt, deren Leben nach einer Trennung ruiniert schien. Alle sind ihren Weg weitergegangen und wieder glücklich geworden. Manchmal hilft eine Prognose, um sich ein »Leben danach« vorstellen zu können. Hier ist die »Wettervorhersage« für Liebeskummergeplagte.

Die Phasen des Liebeskummers

Schon vor der Trennung spürt man: Da stimmt etwas nicht. Es ist ein instinktives Ahnen, ein Gefühl von Bedrohung, noch ohne zu wissen, woher die Katastrophe kommt. Bei hoher Intensität, empfindsamen Menschen oder längerer Dauer schlägt sich die Anspannung im Körper nieder und es kommt zu Verspannungen oder sogar zu Krankheiten.

Dann folgt der Moment der Klarheit. Psychologen sprechen von vier Phasen der Trauer, vergleichbar mit dem Prozess nach einem Todesfall:

1.) **Schock, Nicht-Wahrhaben-Wollen, Lähmung.** Während sich die trennungswillige Person gewöhnlich auf diesen Schritt vorbereitet hat, kommt für die verlassene diese Eröffnung häufig aus heiterem Himmel. Eine Welt bricht zusammen, Perspektiven brechen weg und die Welt scheint stehen zu bleiben. Eine

Trennung kann sich im ersten Moment existenziell bedrohlich anfühlen. In diesem Zustand des Stehenbleibens sortiert sich das Innere neu und sammelt Kräfte für die ungewisse Zukunft.

2.) Jetzt beginnt der unangenehmste Teil auf dem Weg zum neuen Glück. Intensive Gefühle brechen aus, wie Trauer, Wut, Verzweiflung, Depression und Ohnmacht. Der unerträgliche innere Druck entlädt sich in Tränenbächen. Weniger gesunde Ventile sind die Flucht in Arbeit, Alkohol, Medikamente oder der Inhalt des Kühlschranks. Gerti Senger spricht bei dieser Phase vom »**Verhandeln**«, um die Lähmung zu überwinden und die Kontrolle zurückzuerlangen. Parallel zu den Gefühlsreaktionen beschäftigt sich der Geist mit Strategien zum Erhalt der Beziehung. Es noch einmal zu versuchen, einen Aufschub erwirken, das alles sorgt für Zeit in dem Ringen um einen neuen Plan, um eine neue Single-Identität, einen anderen Lebensweg. Je mehr der frühere Partner mit dem Fundament des eigenen Lebens verknüpft war, umso heftiger wackelt das eigene »Haus« bei diesem Umbau. Doch parallel zu diesen Beben arbeiten die Selbstheilungskräfte auf Hochtouren. Erst wenn das eigene »Überleben« gesichert ist, ist man in der Lage, einen eigenen Weg zu gehen und zu Schritt 3 zu gelangen.

3.) **Verarbeitung.** Hier mischt sich der Erkenntnisprozess mit den Emotionen aus dem zweiten Schritt. Ich nenne das Ebbe-und-Flut-Phase, weil der Strand des Lebens mal von wilden Gefühlswellen (v.a. Beschuldigungen, Selbstvorwürfe, massive Einsamkeitsgefühle) und dann wieder von klarer Sicht auf die Spuren des Lebens bestimmt ist. Beliebte Erste-Hilfe-Strategien, um das angeschlagene Lebensfundament wieder zu sichern, sind die Flucht in oberflächliche sexuelle Abenteuer oder in die Geborgenheit des eigenen Bettes. Sich aussprechen zu können (gute Zuhörer gefragt!) hilft und beschleunigt den Prozess.

4.) Im letzten Schritt erfolgt die endgültige Loslösung vom ehemaligen Partner durch **Akzeptanz**. Auch wenn sich der Schmerz noch unerträglich anfühlen kann, wenn Tränen und tiefe Sehnsucht durchbrechen: Die Tatsache, dass beide jetzt getrennte Wege gehen, gehört zum Leben. Es wird noch klarer, was alles zum Scheitern der Beziehung beigetragen hat, und mit der Trauerarbeit (das Fühlen und Annehmen der auftauchenden Gefühle) entsteht eine neue eigene Perspektive. Jetzt wird die überstandene Erfahrung zur eigenen Kraftquelle. Das Herz ist geheilt und öffnet sich wieder dem Leben. Möglicherweise geht es um intensivere Selbstliebe, um eine neue Liebesbeziehung oder um beides.

Jeder Schritt hat seine eigene Entwicklungszeit. Auch wenn sich fast jede betroffene Person danach sehnt, dass »es schnell wieder vorbei ist«, brauchen die inneren Entwicklungen ihre jeweilige Reifezeit.

Was auch das Leben uns bringt: Wir können reagieren und navigieren, aber wir müssen uns dem stellen, was da ist. Und jetzt wage ich, etwas ganz und gar Ungehöriges zu schreiben. So ungehörig, dass es wahrscheinlich von niemandem gehört werden möchte, der gerade frisch getrennt ist. Es geht um die positiven Seiten, die aus einer Trennung entstehen. Es gibt Momente, da will man so etwas ganz sicher nicht hören oder lesen. Ich verstehe das vollkommen und ermuntere Sie in diesem Fall, einfach den nächsten Abschnitt zu überspringen.

Richard und Lilli erzählten mir Folgendes: Sie trafen sich über Jahrzehnte immer wieder, bevor sie seine Liebe erwiderte. Er hatte zwischendurch eine Ehe geführt, an deren Ende seine Frau ihm das Herz gebrochen hat. Seine Lektion aus dieser harten Erfahrung war: »Ich kann eine Trennung überleben.« Richards Gelassenheit, die damit einherging, war essenziell für das Gelingen der jetzigen Beziehung: Lilli ist nämlich eine »Rennerin«, wie sie es nennt. Blitzschnell kann es ihr zu eng werden und sie läuft davon. Anfangs war sie sogar einen Monat lang weg, jetzt sind es oft nur 5 Minuten. Richard wartet geduldig, bis sie so weit ist zurückzukehren, und Lilli spürt, dass sie frei ist und willkommen.

Das ist sicher keine allgemein übertragbare Situation, aber sie zeigt, wie kreativ und flexibel Liebende auf die Eigenheiten des anderen reagieren können und welch gute Auswirkungen die harte Trennungserfahrung in Richards späterem Leben hat.

Trennung und Tod gehören zu den wenig geliebten Erfahrungen und doch können sie zu kostbaren Schätzen in unserem Leben werden. Ich hatte einmal aus Samen Pflanzen in der Wohnung gezogen, die sich prächtig in meiner Küche entwickelten. Kaum war es warm genug, durften die zarten Pflänzchen ihren neuen Platz auf dem Balkon einnehmen. Nach dem ersten Windstoß war die Hälfte abgeknickt und nach einigen Stunden Sonne war der verbliebene Rest verbrannt. Eine gute Gärtnerin hätte gewusst, dass ich sie hätte vorsichtig abhärten müssen, damit sie sich an die natürlichen Umstände gewöhnen. Eine verarbeitete Trennung macht widerstandsfähig und reif. Sie hilft dabei, das Leben mutiger anzugehen, bei Bedarf schneller wieder aufzustehen und in der Folge mehr Handlungsspielraum zu haben.

Tod

Wir leben in einer Welt der Gegensätze. Licht und Schatten, Verbindung und Trennung, Leben und Tod gehören zum Leben dazu. Erst die Unterschiede machen möglich, dass wir einen Zustand oder ein Sein überhaupt erkennen können. Wie bei dem Witz, wo ein Fisch den anderen fragt: »Sag, glaubst du an Wasser?«

Als Single brauchte ich keine Angst zu haben, meinen Partner zu verlieren. Doch sobald sich die Sicherheit, der Komfort, die Geborgenheit in meinem Leben in der Beziehung eingenistet hatten, war sofort auch die Verlustangst da. Der Wechsel kann rasend schnell gehen. Aus »Will-Haben« wird umgehend ein »Will-Behalten« – und das konfrontiert uns mit der Endlichkeit. Obwohl ich »Das Gebet eines Bauern« schon sehr oft erzählt habe, berührt es mich noch immer tief: »Bitte lieber Gott, lass meine Frau vor mir sterben, damit sie den Weg vom Friedhof nicht alleine zurückgehen muss.«

Jede Liebe auf dieser Erde läuft Gefahr, eine irdische Endlichkeit zu erfahren. Ich persönlich halte mich an die Hoffnung, dass Kräfte wie Liebe nicht an den physischen Körper gebunden sind und deshalb eine Art Eigenleben haben. Ich glaube an die Unsterblichkeit der Seele und daran, dass das Erdenleben eine Erfahrung ist, die einem langen Traum nahe kommt. Um auf den Fisch von vorher zurückzukommen: Wer weiß, was es außer Wasser sonst noch gibt ...

Bindungsangst

Diesen Abschnitt sollten Sie unbedingt lesen, auch wenn Sie dieses Problem nicht haben. Die Singles mit Bindungsangst verschwinden kaum »vom Markt« und beginnen überdurchschnittlich oft eine Beziehung. Womöglich mit Ihnen.

Bindungsangst hat ihre Wurzeln in der Kindheit, als aus einer tiefen Bindung ein so traumatischer Schmerz entstand, dass ein innerer Teil beschlossen hat: »Diesen Schmerz will ich nie wieder erleben, so tief werde ich mich nie wieder einlassen.« Durchaus verständlich, doch in der Umsetzung sind die Auswirkungen für alle zukünftigen Beziehungspartner, die sich nach tiefer Nähe sehnen, äußerst problematisch. Menschen mit Beziehungsphobie, die häufig selbst nicht wissen, dass sie davon betroffen sind, und das sogar abstreiten, erkennen Sie daran, dass diese (logischerweise) einen Rückzieher machen, sobald die Nähe ihren persönlichen Gefahrenpunkt überschritten hat. Das kann der Wunsch nach einem gemeinsamen Frühstück nach der ersten Nacht sein, das kann ein plötzlicher Rückzug nach einem wunderschönen, nahen Pärchenwochenende in Paris sein. Beziehungsangst kann sich äußern in ständigem Verstecken hinter der Arbeit oder in unerwarteten Angriffen, wenn es gerade besonders schön wurde. Manche mauern und lassen niemanden an sich heran, andere blühen auf, wenn es gilt, jemanden zu erobern (weil sich das noch sicher anfühlt und die eigene Sehnsucht nach Liebe brennt und echt ist), und allen gemeinsam ist ein ewiges Hin und Her.

Falls Sie mit einer Bindungsphobikerin zusammenkommen: Statt wie üblich in Selbstzweifeln zu versinken, ziehen Sie diese Möglichkeit »Bindungsangst« in Erwägung und entscheiden Sie, ob Sie mit diesem »Nähe-Handicap« leben können. Ein klares Bild vom Phänomen Bindungsangst und Lösungsansätze für Betroffene und deren Partner bietet das sehr empfehlenswerte Buch von Stefanie Stahl: »Jein!: Bindungsängste erkennen und bewältigen.«

Körperliche Nähe und Sex

Sich im Alltag ausgiebig zu berühren, das ist in den meisten Teilen unserer Gesellschaft wenig verbreitet. Viele Singles gehen leer aus – und dabei besonders die Männer. Sich in den Arm zu nehmen, das ist unter Freundinnen noch eher üblich, Männer dagegen erfahren körperliche Berührung nur bei manchen Sportarten und beim Sex.

Dabei ist körperliche Nähe ein Grundbedürfnis. Babys, die nur gefüttert und nicht gehalten werden, sterben. Erwachsene sterben nicht mehr, aber ein Mangel an Berührung kann chronisch traurig und unzufrieden machen. Besonders diejenigen, die als Liebessprache Zärtlichkeit haben (siehe Kapitel Liebessprachen S. 43), leiden besonders als Single. Die Verfügbarkeit von Kuscheln, Küssen, Zärtlichkeit ist einer der großen gesellschaftlich verbreiteten Unterschiede zwischen einer »guten Freundschaft« und einer »Beziehung«.

Hier sind Ideen für Männer und Frauen, um dem Nähebedürfnis Nahrung zu geben:

Körperliche Nähe mit Freunden oder Freundinnen aufbauen

Die Nähe-Kultur ist je nach Alter und Umfeld im deutschsprachigen Raum höchst unterschiedlich. In manchen Gesellschaftsgruppen fällt man sich bei jeder Gelegenheit in die Arme, anderswo wird bei Begrüßung und Abschied völlig ohne Körperkontakt nur Kopf oder Hand gehoben. Wie auch immer Ihr Umfeld aussieht: Mehr ist fast immer möglich! Loten Sie die Körperlichkeit mutig aus. Ich kann Ihnen aus eigener Erfahrung sagen, dass sich mein Leben wohltuend verändert hat. In den fränkischen Landen, aus denen ich stamme, gilt: Hauptsache, man braucht niemanden anzufassen, außer zum Händeschütteln. Ich durfte erleben, wie anderswo ganz freizügig gekuschelt wurde und dass es dazu kein Eheversprechen oder geschlechtliches Interesse braucht – und das hat mir gefallen. Mittlerweile kann ich, durch jahrelange Übung, völlig angstfrei berühren, umarmen oder ankuscheln. Nicht wahllos, aber da, wo ich das Bedürfnis bei mir oder beim Gegenüber spüre und ihm begegnen möchte, sehr gerne. Was mein Leben noch mehr verändert hat, ist die (neue) Fähigkeit, mir selbst Nähe holen zu können.

Ich war mehrere Tage bei einer Freundin zu Besuch und habe mich ungewohnt allein in dem großen, kühlen Zimmer gefühlt. Als sie mich am nächsten Morgen von der Zimmertür aus begrüßte, wagte ich es zu fragen, ob sie noch ein wenig mit in mein warmes Bett kommen möchte. Ja, sie wollte! Zuerst lagen wir ein wenig steif unter der Decke, sorgsam bedacht, uns möglichst nicht zu berühren. Bei vielen Menschen rufen in solchen Situationen die inneren Stimmen, dass man sich auf gar keinen Fall schwul oder lesbisch benehmen dürfe. Was sind das für seltsame Regeln, die Menschen davon abhalten, gesunde Nähe zu teilen ... Meine Freundin und ich unterhielten uns, ich entspannte mich und irgendwann lagen wir einfach angekuschelt und haben es genossen, nicht allein zu sein. Es war wunderschön!

Für Anfänger der erste Schritt bei Freunden: »Ich brauche mal wieder eine Umarmung, ist das o.k.?« Wie würden Sie reagieren, wenn ein Single-Freund das beim Abschied sagt? Wahrscheinlich wäre das vielleicht überraschend, aber ganz einfach für Sie, oder? Das ist der erste Schritt zu mehr Nähe im Alltag und der darf – und muss sogar, wenn das Außen sich nicht von selbst verändert – von Ihnen ausgehen. Weitere Ideen sind: Beim gemeinsamen Heimkino unter eine Decke kriechen, den Kopf zwischendurch auf die Schulter legen, sich gegenseitig massieren, beim Spaziergang einhaken oder sich im Schwimmbad wie beim Wasser-Shiatsu bewegen lassen.

Kuschelpartys

Kuschelpartys sind eine gute Gelegenheit, sich mit körperlicher Nähe aufzutanken und sich anders als mit Worten zu begegnen. Die Treffen sind begleitet und angeleitet, so dass man spielerisch miteinander vertraut wird und einander näher kommt. Zu den Regeln gehört: Behutsam mit sich selbst sein, um Erlaubnis fragen und erst nach einem »Ja« berühren und berührt werden, kein Sex und die Kleidung bleibt an. Weitere Infos z.B. auf Wikipedia.

Massage

Bei einer Massage werden Sie ausgiebig berührt. Ich kenne einige Menschen, die sich mit ihrer wöchentlichen Massagesitzung den Zärtlichkeitstank nachfüllen lassen. Lassen Sie sich lieber von einer Frau oder einem Mann berühren? Genügt die Mittagspause oder reservieren Sie sich lange im Voraus Ihr Terminhighlight bei einem Thermentag?

Vielleicht ist für Sie auch eine Sonderform der Massage angenehm:

♥ In einem Hamam (orientalisches Dampfbad, im Allgemeinen mit Geschlechtertrennung) kann man sich einseifen, peelen und massieren lassen.

♥ Lomi-Lomi-Nui ist eine hawaiianische Massagetechnik, die mit großen, streichenden Bewegungen und reichlich Öl meist zwei Stunden dauert.

♥ Tantrische oder erotische Massagen beziehen die Geschlechtsorgane mit ein und erlauben auch sexuelle Gefühle.

Tantra

Tantra ist nicht speziell für Singles, aber ich halte es für eine gute Möglichkeit, die eigenen körperlichen Bedürfnisse leben und spüren zu lernen. Es ist absolut geeignet, wenn Sie sich Körperkontakt und mehr Selbstliebe wünschen.

Tantra ist ursprünglich eine philosophische Strömung aus Indien. Es geht dabei um Bewusstseinserweiterung und Herzöffnung. Die Elemente sind Rituale, Atmung, Berührung, Begegnung und Sinnlichkeit. Manche Tantra-Richtungen sind eher esoterische Swinger-Clubs mit viel Nacktheit und schnellem Körperkontakt, bei anderen geht es eher um Verschmelzung mit dem göttlichen Prinzip – und es gibt alle Schattierungen dazwischen. Was wo geboten wird, hängt stark von Persönlichkeit und Ausbildung der jeweiligen Tantra-Lehrer ab.

Wichtig ist, dass Sie selbst wissen, was Sie anzieht, und dass Sie keine Religion aus dem Ganzen zu machen brauchen. Manche Menschen wünschen sich Körperlichkeit, je mehr und je schneller, desto besser; manche würden am liebsten ausschließlich denken oder meditieren. Manche neigen dazu, sich anzupassen, statt auf sich zu achten, und brauchen deshalb besonders die Ermutigung, immer wieder die eigenen Bedürfnisse wahrzunehmen.

Wo Sie sich wohl und von welchen Menschen oder Stilen Sie sich angezogen fühlen, können Sie auf der jeweiligen Homepage, bei einem Anruf oder Schnupperabend ausloten.

Singles sind außer bei reinen Paarkursen willkommen. Auf der Homepage von »Tantra ist Lebensfreude« habe ich einen Satz gefunden, der sicher auch für einige andere Anbieter zutrifft: »Wir sind keine Partnerbörse. Was geschieht, wenn Menschen auf dem tantrischen Weg ihre Suche im Außen nach innen umkehren und ihre Aufmerksamkeit auf ihr eigenes Selbst richten, ist: Sie ändern ihre Ausstrahlung und ziehen andere Menschen an – weil sie für sich selbst attraktiver geworden sind.«

Rendezvous mit sich selbst und Solo-Sex

Wir alle haben Ideen, wie wir die Zeit gestalten würden, wenn wir mit einem besonders lieben Menschen sinnliche Momente erleben möchten. Warum den Aufwand nicht einmal für und mit sich selbst betreiben?

Schöne Musik, Kerzen, vielleicht ein Schaumbad und ein duftendes Körperöl, ein wenig Anregung für den Gaumen und eine frische Bettwäsche? Mit gepflegtem Haar und Körper in besonderer Kleidung? Alle fünf Sinne wollen angeregt sein:

Fühlen, Sehen, Riechen, Hören und Geschmack. Und es darf gerne erotisch prickeln und mehr!

Manche Menschen haben Schwierigkeiten, erotische Gefühle alleine (und sogar zu zweit) »anzuschalten«. Gehen Sie auf Entdeckungsreise, was für Sie erregend ist. Sex kann eine Entscheidung sein; man braucht nicht zu warten, bis Gefühle von irgendwo einen plötzlich überwältigen. Manche Menschen lassen sich von einem Film mit Liebesszene mitreißen, es gibt wunderbare erotische Geschichten, Bilder, eine riesige Auswahl an Videos von sanft bis drastisch, es gibt lebendige Vorstellungen, unterschiedlichste Berührungen – und natürlich Sexspielzeuge. Hinter den »Zutaten« für Sexualität steht eine große Industrie und oft auch Geschäftemacherei. Diese Vielfalt birgt den Vorteil, dass die Auswahl sehr groß ist. Was die einen scharfmacht, das wirkt bei anderen entwürdigend und abschreckend pornografisch. Wo die einen sich an der Auswahl und immer neuen Attraktionen freuen, sind die anderen überfordert und ängstlich.

Für Anfängerinnen und Anfänger: Behutsam vorwärts wagen und im Zweifel verwerfen. Beim Sex ist es wie beim Essen: Man braucht nicht alles zu mögen. Und wichtig: Der Teller braucht auch nicht leer gegessen zu werden! Dennoch: Um sich der eigenen befriedigenden Solo-Sexualität zu nähern, kann ein Ausflug in einen Sexshop (online oder real) hilfreich sein und Ideen liefern. Die Geschmäcker sind sehr verschieden, daher gilt es großzügig auszusortieren, um zu den Produkten zu gelangen, die für einen selbst am geeignetsten sind. Es gibt übrigens auch Sexshops für Frauen, wo der weibliche Zugang zur Sexualität verstärkt beachtet wird.

Hinweis: »Wenn Sexualität zur Sucht wird« – das finden Sie im Bonusmaterial auf www.evafischer.at/bonus.

Übrigens: Martin hat große Freude an einer lebensgroßen Silikonpuppe. Gar nicht billig so eine Dame im Bett, aber sie gibt ihm das Gefühl, dass zuhause jederzeit eine extrem hübsche Gestalt auf ihn wartet. Seitdem ist er ausgeglichener und geht entspannter auf die Damen im echten Leben zu. Das ist selbstverständlich keine Empfehlung von mir, sondern ein Beispiel, wie unterschiedlich der Umgang mit Solo-Sex sein kann.

One-Night-Stands und Casual Sex

Oft ist es leichter, jemanden für eine Nacht zu finden als fürs Leben. Ein sexy Outfit, Lust auf Sex im Sinn und einschlägige Orte zum Anbandeln: Mit diesem Rezept haben Sie als Frau gute Chancen, bald zu zweit zu sein. Da Angebot und Nachfrage zwischen Männern und Frauen meist auseinanderliegen, sollten Sie als Mann auf jeden Fall »appetitlich« wirken und aktiv in Kontakt kommen können (siehe Kapitel Ins Gespräch kommen mit Unbekannten S. 101). Oder Sie finden einander online.

»Casual Sex« liegt zwischen One-Night-Stand und Beziehung: Hier geht es um eine Sex-Partnerschaft. Casual heißt so viel wie gelegentlich, locker, zwanglos und beschreibt genau das, worum es geht. Für manche könnte Casual Sex überhaupt die Lösung sein, um glücklich und stressfrei Single zu bleiben.

Bezahlter Sex

Prostitution ist angeblich das älteste Gewerbe der Welt. Das Angebot ist so bekannt wie vielfältig, der Markt riesig und allgegenwärtig. »Escort-Service« bedeutet: »Ich komme zum Sex zu dir, wohin du willst«, das dürfte sich bereits herumgesprochen haben. Auch bei Frauen scheint die Nachfrage nach bezahltem Sex gestiegen zu sein, wenn man von der dementsprechenden Werbung ausgeht. Das erstbeste Suchergebnis verspricht: »Männliche Escorts für sie und ihn, heterosexuelle Callboys, Profi-Stripper, Nacktputzer und Handwerker, Hausfreunde, sportliche Gigolos, erfahrene Gentlemen, Masseure für Männer und Frauen«.

Sarah ist 53 und hatte 8 Jahre keinen Sex. Sie fühlt sich mittlerweile so unattraktiv, dass sie befürchtet, selbst ein Callboy würde umdrehen. Nicht nur in diesem Fall kann bezahlter Sex eine gute Möglichkeit sein, wieder Zugang zur Paar-Körperlichkeit zu finden. Und es kann einfach Spaß machen! Sich sexuell lebendig zu fühlen, macht im guten Maß anziehend für neue Kontakte. Hier spielt wieder die gesunde Mitte eine Rolle: Wer sexuell zu übersprudelnd ist (das Wort »notgeil« trifft es am besten), kann abstoßend wirken, und wer sich als sexuelles Nichts fühlt, wird gerne übersehen. Wie immer werden Sie Gleichgesinnte anziehen.

Prostitution ist ein moralisch heiß umstrittenes Thema. Für mich ist es eine Dienstleistung, die durch ihre Intimität ihren Preis hat: für beide. Wie in allen Branchen gibt es auch hier Menschen, die auf Kosten anderer Profit machen. Falls Sie Prostitution nutzen: Boykottieren Sie Angebote, hinter denen Menschenhandel und Zwang stecken. Und diese Spezialanbieter für real existierende Bedürfnisse verdienen einen respektvollen Umgang.

Die Baby-Uhr tickt

»Ich möchte eine Familie gründen und unbedingt Kinder oder wenigstens ein Kind bekommen.« Dieser Wunsch löst vor allem bei Frauen Unwohlsein oder pure Panik aus, wenn die eigene Gebärfähigkeit sich dem biologischen Ablaufdatum nähert.

Aber was tun, wenn die Gefühle lähmen, schmerzen oder kochen und weit und breit kein geeigneter Mann als Vater in Sicht ist? Sie tun gerade das Richtige. Sie lesen dieses Buch und machen sich Gedanken, was Sie konstruktiv beitragen können, um jemanden für eine Familiengründung zu finden. Ganz wunderbar! Wenn Sie die Überlegungen in die Tat umsetzen, dann sind Sie Ihrem Ziel schon wieder näher.

Schauen wir noch kurz den biologischen, technischen und gesellschaftlichen Realitäten ins Auge. Vielleicht haben Sie mehr Zeit, als Sie glauben. Sehr interessant finde ich in diesem Zusammenhang, dass der US-Forscher Jonathan Tilly behauptet, Stammzellen in weiblichen Eierstöcken gefunden zu haben, die Eizellen produzieren. Das würde die bisherige Annahme komplett widerlegen, dass bereits bei der Geburt die Anzahl der Eizellen feststeht. Allerdings konnten andere Forscher diese Stammzellen noch nicht nachweisen, es bleibt also spannend.

Die Wechseljahre treten mit durchschnittlich 50 Jahren ein, davor gibt es bereits eine mehrjährige Phase der Unfruchtbarkeit. Haben Sie noch reichlich Zeit oder hilft Ihnen der Gedanke an die vielfältigen Alternativen? Andere Wege zum Kind sind: künstliche Befruchtung oder weitere Kunstgriffe der Fertilitätsmedizin, Samenspende, Leihmutterschaft (in Deutschland, Österreich und der Schweiz gesetzlich verboten), Adoption, Pflegekind, ein Partner mit Kind(ern) und intensives Engagement im Sozialbereich mit Kindern. Um gut über all diese unterschiedlichen, emotional besetzten und zum Teil sehr komplizierten Möglichkeiten nachdenken und recherchieren zu können, braucht es einen klaren Kopf. Widmen Sie sich beidem: Gefühlen und einem guten Plan für das nächste Jahr. Sie können nur jetzt Ihr Bestes tun, was die Zukunft bringen wird, das zeigt sich dann. Sorgen Sie für Entspannung, indem Sie sich selbst erreichbare Ziele setzen. Die Volksweisheit »Hilf dir selbst, dann hilft dir Gott« könnte hier hilfreich sein.

Auf www.EvaFischer.at/bonus finden Sie spezielle Erlebnis-Anregungen für Menschen mit Kinderwunsch.

Mit 50 bis 70 auf Partnersuche

Ein eigenes Thema! In keiner anderen Altersgruppe, kommt mir vor, gehen die Wünsche und Vorurteile so aneinander vorbei und machen eine Begegnung unmöglich. Einige Beispiele gefällig?

Herbert, 53, klickt jede Frau über 50 ungesehen weg.

Klara, 65, will auf keinen Fall einen Mann im Ruhestand.

Mirko, 68, hat derzeit eine 17-jährige Freundin.

Lisa, 65, sieht aus wie 50, ist sportlich und will keinen Gleichaltrigen, der nicht mit ihr mithalten kann, und – wörtlich – »schon gar keinen 70-jährigen Opa«.

Macht das Alter kompromissloser? Und wenn ja, ist das ein Vorteil? Schon bald wird in unserem Land die Hälfte der Gesellschaft 50 Jahre und älter sein. Die neuen »Alten« sind jung im Kopf, selbstsicher, gebildet, sportlich und emanzipiert. Eine großartige Gemeinsamkeit!

Die Hauptprobleme vieler, sicher nicht aller, sind aus meiner Sicht:

♥ Wer mit dem eigenen Alter nicht umgehen kann, neigt dazu wegzuschauen und sich mit Altersgruppen zu befassen, die jünger sind. Stichwort: Schmerzvermeidung.

♥ Die gesellschaftliche Tendenz, also das von der Werbung präsentierte Idealbild »schön, jung, aktiv«, halte ich für völlig überstrapaziert. Auch

Jüngere haben ihre Mühe damit, hier mitzuhalten. Irgendwann ist eine Grenze erreicht, wo Alter unvermeidlich ist. Je mehr man sich früher von der eigenen Attraktivität hat umschwärmen lassen, umso härter kann die Umstellung sein.

♥ Die Lebenserfahrung vieler Menschen bringt mit sich, dass sie sich eingerichtet haben und wissen, was ihnen gefällt. Leider geht das häufig auf Kosten neuer Bekanntschaften.

♥ Manche suchen kurze Abenteuer und andere eine Begleitung für den sogenannten Lebensabend.

Lösungsansätze:

♥ Wagen Sie sich wieder aus Ihrer Komfortzone in Bereiche, wo Sie sich nicht so gut auskennen, aber vielleicht die richtigen Menschen kennenlernen. Sie finden in diesem Buch hoffentlich zahlreiche Vorschläge.

♥ Öffnen Sie sich einer weiteren Altersgruppe und lassen Sie sich überraschen, welche Möglichkeiten sich dadurch ergeben. Erweitern Sie um 5 Jahre nach oben und nach unten. Oder gleich um 30?

♥ Beurteilen Sie die Menschen nicht nach ihrem Alter auf dem Papier, sondern nach ihrem Sein.

♥ Spielen Sie mit dem Gleichgewicht im Leben: Erlauben Sie sich selbst, älter zu werden und jung zu bleiben, sich Ruhe zu gönnen und aktiv zu sein, zu arbeiten und den Ruhestand zu genießen.

♥ Machen Sie sich klar: Das Leben will gelebt werden, wie es sich entfaltet, und jedes Alter hat seine Herausforderungen. Weglaufen gilt nicht, vertrauensvoll weitergehen, das wäre schön!

Erlebnis: Handlungsspielraum

Schreiben Sie auf, welche der oben genannten Punkten Ihnen schwerfallen, ganz konkret. Dann überlegen Sie, welche Möglichkeiten in dieser Situation verborgen sein könnten, die Ihnen durch Nichtbeschäftigung entgehen. (Beispiel: »Ich mag weder meine schlaffe Haut noch die von anderen.« Möglichkeiten durch Beschäftigung: »Vielleicht fühlt sie sich doch gut an, vielleicht entwickelt sich eine neue Art von Schönheit in mir und im Gegenüber, vielleicht könnte ich lernen, mich komplett anzunehmen und zu lieben.«) (siehe Kapitel Lebenserwartung und Partnersuche S. 42)

Manchmal sind wir von Werten geprägt, die von anderen Menschen oder aus anderen Lebensabschnitten stammen und die, weil nicht mehr zeitgemäß, ersetzt werden möchten. Wie wäre es mit dem Gedanken (finden Sie das für Sie stärkste Wort): »Ich erlaube mir, fehlerhaft/untätig/weltverbessernd/faltig/glatzköpfig/älter als andere/jünger als meine Partnerin ... zu sein.«

Unabhängig vom Alter tut es immer gut, alte Tabus aufzulösen. Ich hatte aus meiner Prägung, geschickt und clever sein zu müssen, den Satz entwickelt »Es könnte sein, dass ich auch ungeschickt und dumm sein darf.« Das hat mich zu einem inneren Lächeln, neuer Gelassenheit und ganz neuem Selbstbewusstsein geführt (siehe Kapitel Hinderliche Glaubenssätze verändern S. 61). Und was ist Ihr heilender Satz?

Die Suchpause

Manchmal ist eine Suchpause angebracht. Nicht bei denen, die schon seit Jahren nichts tun, um neue Menschen kennenzulernen, sondern bei denen, die sich zu sehr angestrengt haben. Bitte verstehen Sie mich nicht falsch – es ist wichtig, für neue Kontakte zu sorgen, und es tut gut, statt untätig abzuwarten, irgendetwas in Richtung Beziehung weiterzubringen. Zumindest das Gefühl zu haben.

Doch manchmal vergisst man hinter dem drängenden Wunsch nach Partnerschaft, auf sich selbst Acht zu geben, vernachlässigt Freunde, Beruf oder den eigenen Körper. Stattdessen fließt jede verfügbare Stunde in Partnerbörsen im Internet oder verrinnt auf endlosen Streifzügen durch die (meist nächtliche) Stadt.

Ich kann diese Besessenheit momentan besonders gut nachvollziehen, weil ich auf Wohnungssuche bin. Auf jeder Seite bin ich angemeldet, habe Online-Suchagenten aktiviert – und dennoch: Es gibt Seiten, da muss man selbst suchen, es könnte sein, dass gerade jetzt das Super-Angebot erscheint, das weg ist, wenn ich nicht sofort reagiere usw. Vernünftige Argumente – aber wenn dieses Buch nicht fristgerecht fertig ist, dann habe ich ein weitaus größeres Problem. Ich merke, wann die Besessenheit mich ergreift. Sie auch? Wenn die Suche beginnt, an den anderen Lebensbereichen zu nagen und Ihnen die nötige Aufmerksamkeit heimlich absaugt.

♥ Was fällt Ihnen spontan ein? Welcher Lebensbereich leidet unter Ihrer intensiven Partnersuche?

Wichtig ist, zu erkennen, was passiert. Sich von außen zu beobachten und eine wertfreie Bestandsaufnahme der Ist-Situation zu machen.

♥ Erfüllt es Sie, all diese Zeit und die Gedanken für eine Liebesbeziehung zu investieren? Ist das einfach momentan Priorität Nummer eins? Ein Projekt auf Zeit, das diese Energie erfordert?

Ja? Wunderbar! Dann weiter so! Oder haben Sie Zweifel bzw. fehlt noch ein Teil des Gesamtbildes? Dieses vielleicht?

♥ Fühlen Sie sich schon ausgelaugt von der Suche? Gibt es Lebensbereiche, die unter Ihrer Fokussierung leiden? Geht das Ganze schon lange? Vielleicht sogar erfolglos?

Falls ja: Womöglich ist eine Partner-Such-Diät bei Ihnen angebracht. Was wäre ein vernünftiges Maß? Jeden Abend nicht mehr als eine halbe Stunde auf Partnerbörsen surfen? Ein Monat Pause? Nur in den geraden Wochen Ausschau halten? Erst wieder nach Dates suchen, wenn die Prüfung bestanden, die Tochter das Schuljahr geschafft hat, das Projekt erledigt ist?

Sie kennen sich! Sie sind weise im Innersten! Sie wissen, was das gute Maß ist! Die Intuition hilft uns manchmal, im richtigen Augenblick, das Richtige zu tun. Das ist ganz wunderbar, denn ich bin sicher, wenn der Zeitpunkt gekommen ist, dann vergessen Sie Ihre Such-Diät und handeln! Wenn dieses Gefühl jedoch von

Bedrängnis überlagert ist, dann stehen Sie permanent unter Strom und verpassen vielleicht aus Überforderung die gute Gelegenheit. Aus der Ruhe kommt die Kraft und nur im stillen Wasser kann man tief blicken. Bitte lassen Sie auch Ruhe einkehren in Ihrer Partnersuche!

Eine Idee: Schreiben Sie sich in den Kalender, wann die Zeit wieder reif ist für die Partnersuche. Ein sinnvoller Zeitraum Ihrer Wahl. So dass Sie sich frei fühlen, wieder ganz zu sich selbst und Ihren anderen Projekten zu kommen. Bis dahin können Sie dieses Buch weglegen. Ja, wirklich in die hinterste Schublade! Pause! Gedankenpause, Entzug, Regeneration – wie auch immer Sie es nennen möchten. Vielleicht finden Sie das Buch wieder, wenn Sie zum ihm oder zu ihr umziehen, weil sich plötzlich alles wie von selbst ergeben hat ...

Gelegenheiten – online und im echten Leben

Jetzt geht es in die Praxis. Irgendwo muss er oder sie doch sein! Geboren ist Ihre neue Liebe bereits – und jetzt treibt sie sich irgendwo auf diesem Erdball herum und hat bestenfalls bereits Sehnsucht nach Ihnen. Ihre Wege müssen sich nur noch kreuzen. Und das kann überall sein: online oder im echten Leben. Mein Rat: Seinen Sie im Alltag bereit für Begegnungen, wach und reaktionsbereit. Aber bleiben Sie gleichzeitig entspannt. Ich weiß, die Mischung hat es in sich und ich bin sicher, Sie finden Ihren guten Umgang damit.

Das folgende Kapitel enthält eine Fülle von Ideen und Anregungen, so dass Ihnen hoffentlich die Welt nachher wie eine voller Möglichkeiten vorkommen wird. Bitte beachten Sie bei der Lektüre – und das tun Sie sicher automatisch –, welche Ideen für Sie angenehm und inspirierend sind, aber beachten Sie auch, wo die Person, die Sie sich wünschen, sich aufhalten würde bzw. welchen Weg er oder sie einschlagen könnte. Also denken Sie mit dem Kopf des anderen. Damit steigen Ihre Chancen sprunghaft.

Internet
Heutzutage landen fast alle Singles im Internet. Man ist bei der Suche zeitlich flexibel und kann sich (scheinbar) wie im Katalog Männer und Frauen aussuchen und noch dazu nach Wunschkriterien vorsortieren.

Ja, diese Art der Partnerfindung entspricht dem Zeitgeist – und sie funktioniert. Ich selbst bin online fündig geworden. Meinen Liebsten hatte ich schon weg geklickt, aber er hat sich bei mir gemeldet und so lieb geschrieben, dass ich dahingeschmolzen bin.

Den vielen Vorteilen der Online-Partnersuche stehen allerdings auch Nachteile gegenüber, die man mildern kann, je besser man sich auskennt. Mit diesem Buch haben Sie die wichtigsten Infos bereits in der Hand.

Die häufigste Frage in Bezug auf Singlebörsen, die ich höre, ist: »Wo soll ich mich nur anmelden?« Der Vergleich mit einer Großstadt voller Discos hilft vielleicht: Es gibt die angesagten Clubs, über die man spricht und die alle kennen, es gibt Geheimtipps und Zufallsentdeckungen. Manchmal muss man erst Eintritt zahlen, um zu sehen, wer sich im Innenraum aufhält, manchmal verpasst man sich, weil Mr. Right erst später kommt oder schon früher gegangen ist, und es kommt immer wieder vor, dass Publikum, Musik oder Atmosphäre nicht passen und man lieber schnell wieder verschwindet. Um Lehrgeld zu vermeiden: Holen Sie sich Rat bei Menschen, die sich auskennen. Um den Disco-Vergleich wieder zu nutzen: Ihre 14-jährige Nichte würde wahrscheinlich in einen anderen Club gehen als Sie und was Ihrem besten Freund gefällt, kann ganz anders sein als das, was von Ihrer Traumfrau als anziehend empfunden wird.

Guter Rat kann nur von jemandem kommen, der die ganze Szene kennt und unabhängig von Ihren Wünschen beraten kann, oder von Menschen, die denselben Geschmack haben wie Sie – in Bezug auf die »Zielperson«. Cooler Typ, der Freund Ihrer Nachbarin? Dann fragen Sie den, wo er im Internet nach Frauen suchen würde. Sie haben ein Date, grundsätzlich o.k., aber Sie wissen, das wird nichts mit Ihnen beiden? Nutzen Sie die Gelegenheit und fragen nach seinen oder ihren Erfahrungen auf verschiedenen Singlebörsen.

Gratis oder kostenpflichtig anmelden?

Hier heißt es wieder: Mit dem Kopf des gesuchten Menschen denken. Wo würde er oder sie sich anmelden? Gratis, einfach mal versuchen? Viele Singles versuchen ihr Glück zuerst einmal über eine kostenlose Seite zum Ausprobieren. Das heißt, dass Sie dort eine hohe Quote von frischen Singles finden oder von Menschen, die in einer Beziehung unglücklich sind und ihren Marktwert und die Möglichkeiten testen möchten. Gleichzeitig versammeln sich auf Seiten mit Gratisanmeldung natürlich reihenweise halbherzige Gesuche, Kinderstreiche, Fakes und Sexhungrige.

Oder denkt Ihre Zukünftige: »Was nichts kostet, ist nichts wert«, und meldet sich bei einer teureren Plattform an? Kostenpflichtige Börsen sind ganz klar die Orte, wo die Mitglieder im Durchschnitt ernsthafter nach Partnerschaft suchen.

Vorsicht: Falle!

Viele Mitglieder, aber kaum Aktive

Große Mitgliederzahlen versprechen leider nicht automatisch eine große Auswahl an erreichbaren Singles. Je älter die Börse ist, desto mehr Karteileichen sammeln sich an. Manche Personen finden die Plattform nach der Anmeldung dann doch nicht benutzerfreundlich oder attraktiv, haben einfach die Lust wieder verloren oder einen besseren Ort gefunden. Viele dieser Profile erkennt man daran, dass sie kaum ausgefüllt sind. Haben Sie sich nicht auch schon einmal irgendwo angemeldet, dann die Login-Daten vergessen und die Sache aus anderen Gründen auf sich beruhen lassen?

♥ Prüfen Sie, ob die Suchfunktion auf zahlende Mitglieder oder nach Einlogdatum eingrenzbar ist.

♥ Testen Sie verschiedene Singlebörsen, um ein Gefühl für Ihre persönliche Rücklaufquote zu bekommen.

♥ Nutzen Sie möglichst aktuelle Erfahrungsberichte von Profis, Freunden, aus Foren oder Test-Plattformen. Eine ein Jahr alte Erfahrung ist in der schnelllebigen Online-Branche nur wenig wert, denn es zählt, wo sich die aktuell Suchenden anmelden.

♥ Bei Börsen wo man pro Nachricht zahlen muss steckt oft ein Verdienstkonzept für Lockvögel dahinter.

Gratis-Anmeldung, aber keine Möglichkeit, Kontakt aufzunehmen, ohne zu zahlen

Das ist der Trick der meisten Partnervermittlungsbörsen. Sie können Ihrem Herzblatt maximal ein Lächeln schicken und er oder sie kann »zurücklächeln«, »anstupsen« oder ein »Herz schicken«. Das war's dann auch schon. Solange nicht beide gleichzeitig kostenpflichtig angemeldet sind, ist meistens kein Kontakt möglich. Und oft nützt es nicht, selbst zu zahlen, wenn die meisten anderen Mitglieder das nicht tun.

♥ Probieren Sie aus, welche Gratis-Funktionen nutzbar sind, bevor (!) Sie selbst zahlen. Nachher erkennt man das oft nicht mehr. Manchmal gewährt die Börse eine Nachricht und sperrt erst ab der zweiten Botschaft den Zugriff.

♥ Partnerbörsen, bei denen man sehen kann, ob ein Mitglied gratis oder bewusst zahlend dabei ist, sind leider selten. Doch ist diese Funktion ein großer Pluspunkt.

Sie sind »Premium«-Mitglied, aber Ihre Kontakte können die Nachrichten nicht lesen

Ich kenne Menschen, die haben sich schon die Finger wund geschrieben mit liebevollen Erstkontakt-Nachrichten. Ohne Antworten zu bekommen. Das liegt oft daran, dass das Gegenüber Ihre Botschaft nicht lesen darf.

Massive Werbung mit falschen Profilen

Kaum haben Sie Ihre E-Mail-Adresse auf einer Singlebörse eingetragen, kann es sein, dass Sie mit massiver Werbung überschüttet werden. Angeblich hat sich SexyNadine23 für Sie interessiert. »Werden Sie Mitglied und schauen Sie nach, was SexyNadine23 Ihnen sagen möchte.« Vielleicht bleiben Sie standhaft, halten das für Werbung, aber schon am nächsten Tag will Monika_78 (wow, die sieht gut aus!) Sie treffen. Reihenweise schöne Frauen stehen bei Ihnen Schlange – und Sie haben keinen Zugriff? Na ja, 19,90 € oder 99,95 € sind nicht die Welt, und der Abend ist einsam wie der vorige ...

Wenn Sie zahlen, kann es leider sein, dass diese Dame gerade ihr Profil gelöscht hat, momentan nicht erreichbar ist oder sich an ihre Nachricht nicht erinnert. Schade, aber es warten offensichtlich tausend andere Fotomodels darauf, genau Sie kennenzulernen. Der Trick scheint zu funktionieren. Auch bei Frauen. Nur da ist es dann eher der treue, einsame Künstler oder der kinderliebe Abteilungsleiter, der sich für Sie interessiert. Wenn jemand weiß, welche Profile und Stichworte gut ankommen, dann sind das die Singlebörsenbetreiber.

♥ Bearbeiten Sie in Ihren Profileinstellungen, welche Art von Nachrichten (Profilbesuche, Werbung, neue Mitglieder, Nachrichten etc.) Sie per E-Mail bekommen möchten, um sich vor der Werbeflut zu schützen.

♥ Richten Sie ein gesondertes E-Mail-Postfach für Ihre Partnersuche ein, dann können Sie die Spams leicht samt E-Mail-Adresse wieder loswerden.

♥ Sie können vom Vertrag zurücktreten (Widerrufsrecht), wenn Sie die Leistungen nicht genutzt haben, bei manchen Börsen auch nach einer Probezeit.

Abo-Fallen oder Betrug im großen Stil

Mit automatischer Verlängerung und, wie ich finde unfairem Kleingedruckten, scheinen riesige Umsätze gemacht zu werden. Mir scheint, einige Partnerbörsen bauen ganz auf die bewusste Irreführung der Konsumenten. Sehr verbreitete Beispiele sind:

♥ Eine Schnupper-Mitgliedschaft verlängert sich automatisch in eine sechsmonatige Premium-Mitgliedschaft.

♥ Eine Mitgliedschaft verlängert sich automatisch um dieselbe Dauer oder länger, wenn nicht XY Tage vor Ablauf gekündigt wird (sehr verbreitet und auch rechtmäßig). Bitte beachten Sie auch, auf welche Art Sie kündigen müssen: Manchmal genügt ein E-Mail an den Kundenservice, manchmal muss man umständlich per Fax oder Brief mit Unterschrift den Vertrag auflösen.

♥ Ein Gutschein lässt sich im Formular nicht einlösen. Wenn man dann (genervt von der Suche nach der Gutscheinoption) ein normales Abo startet (in der Hoffnung irgendwo in einem Textfeld noch den Code eingeben zu können), wird die volle Gebühr fällig. Die Gutschrift muss man sich umgehend beim Kundenservice erkämpfen.

♥ Von der Premium-Mitgliedschaft dürfen Sie zurücktreten, aber das für Sie erstellte Persönlichkeitsprofil kostet extra und ist angeblich nicht erstattbar.

Auch wenn es Sie gerade nicht die Spur interessiert: Lesen Sie unbedingt auch das Kleingedruckte aufmerksam, besonders den Teil über Kündigungsfrist und Ablauf der Mitgliedschaft. Besser sich vorher schlau machen als sich nachher ärgern oder streiten! Es gibt in Österreich das anonyme und gebührenfreie cas-h4web. Damit ist die Abbuchung begrenzt, auch wenn Sie rechtlich zahlungspflichtig sind.

Mit der Gefühlsnot oder Sehnsucht von Singles wird im großen Stil Betrug betrieben. Kaum jemand wird wegen 50 bis 300 € Gebühren vor Gericht ziehen. Die meisten ärgern sich und zahlen schweigend. Ich weiß von vielen Fällen, die sich selbst beruhigen: »Na ja, dann bin ich eben noch sechs Monate länger angemeldet. Vielleicht nützt es was.« Das war keine aktive Entscheidung, sondern eine bewusst gelegte Falle.

Partnervermittlungsseiten und Singlebörsen

Beide Begriffe werden umgangssprachlich oft synonym verwendet. Genau genommen ist der Unterschied zwischen Singlebörse und Partnervermittlungsbörse der, dass Erstere einfach eine Liste bietet, die man mit einer Suchfunktion selbst einschränkt. Die Online-Partnervermittlung maßt sich an, mit wissenschaftlichen Parametern die Menschen vorzusortieren, die auch vom Charakter gut zueinanderpassen. Der häufig verwendete Begriff dafür ist »Matching«, von engl. »to match« (passen, abstimmen).

Ich muss zugeben, bei manchen Seiten funktioniert das erstaunlich gut. Die zugrundeliegenden Persönlichkeitstests liefern die Daten für eine errechnete Idealmischung aus »gleich« und »unterschiedlich«. So ist es möglich, die scheinbar unendliche Online-Auswahl auf ein vernünftiges Maß einzuschränken. Um diesen Service nutzen zu können, muss man im Allgemeinen zahlen.

Der Vorteil von Singlebörsen ist: Hier kann man ideal nach Haar- und Augenfarbe suchen, nach Sternzeichen und Umkreis. Parameter, die ein Computer sehr leicht zuordnen kann, sind die Stärke dieser Suchseiten. Je nach Anbieter sortieren Sie nach sexueller Vorliebe, Religionszugehörigkeit, Größe und Gewicht, Kinderwunsch, Sprache, Bildungsniveau usw.

Das ist für viele leider auch gleichzeitig ein Nachteil. Wer ernsthaft nach einer langfristigen Beziehung sucht, ist schnell genervt oder sogar verletzt von rein sexuellen Angeboten auf großen Singlebörsen. Auch gewerbliche Sexarbeiterinnen und -arbeiter haben die Singleseiten längst entdeckt, um ihre Dienste zu vermarkten, und so manch einer macht sich sicher einen Spaß daraus, mit einem beliebigen Foto in eine andere Identität zu schlüpfen. Das wird dann engl. »fake« (Schwindel, Imitation) genannt.

Dennoch sind gerade die kleinen Singlebörsen ein idealer Ort für Spezialwünsche (siehe Abschnitt Sonder-Singlebörsen S. 90) und die großen Börsen haben

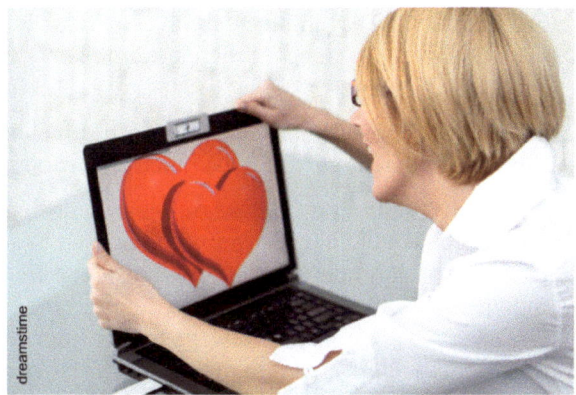

auch Potenzial, wenn man die Aussortiererei nicht scheut.

Beantworten Sie folgende Fragen, um Klarheit zu finden, welche Partnerbörse für Sie geeignet ist:

♥ Welche Anbieter kenne ich?

♥ Nehme ich die, die ich kenne, oder recherchiere ich sorgfältig und ziehe auch kleine Anbieter in Betracht?

♥ Ist es für mich selbstverständlich, einen Mitgliedsbeitrag zu zahlen, weil es heutzutage dazugehört, weil ich es mir leisten kann, weil ich mehr Service erwarte, weil ich es ernst meine oder weil ich in Not bin und mir nichts anderes mehr einfällt?

♥ Suche ich lieber gratis, weil die zahlungspflichtigen Portale mir nichts gebracht haben, weil ich generell ein sparsamer Mensch bin, weil ich das Abenteuer liebe, weil ich pleite bin, weil ich das Ganze einmal ausprobieren möchte oder weil mir gerade langweilig ist?

♥ Vertraue ich einem Matching-Verfahren oder wünsche ich mir sogar, selektierte Vorschläge zu bekommen?

Jetzt sollte sich bereits eine Richtung abzeichnen, wo Sie gut aufgehoben sind. Ganz wichtig: auch mit dem Kopf des Gegenübers denken!

Der Zahnarzt, der schon vor Einsamkeit auf dem Zahnfleisch geht, gibt locker jeden üblichen Betrag für eine Partnerbörse aus. Ob die junge, blonde Assistentin, die in sein Suchschema passt, sich auch hier anmelden würde? Er hat sich in diesem Fall lieber für eine Gratisbörse entschieden, wo er komfortabel nach der Haarfarbe suchen kann.

Gehen Sie doch noch einmal die Fragen durch und versuchen Sie, diese für Ihren Traumpartner zu beantworten. Welche Anbieter könnte er/sie kennen? Usw. (siehe oben).

Sie können es sich auch einfacher machen und sich dort anmelden, wo die meisten sind, wo viel Werbung gemacht wird, oder einfach ausprobieren.

Ich bin immer dafür, dem Zufall eine Chance zu geben – deshalb empfehle ich auch nie nur eine Suchseite, sondern immer nur die nächste. Sicher gibt es Menschen, die ihre Stamm-Disco gefunden haben und die sich sicher sind, dass hier die richtigen Menschen auf sie warten. Andere streifen durch die Nacht und lassen sich überraschen, wer wo ebenfalls unterwegs ist. Im Internet ist das wie im Nachtleben: Das Angebot ist vielfältig und man lernt aus Erfahrung.

Flirt-Apps

Beliebt und leicht auf dem Smartphone zu installieren sind Flirt-Apps. Bekannt sind die „Wisch-und-weg"-Apps wo man einfach Fotos anschaut und durch wischen entscheidet wen man in Erwägung zieht und wen nicht. Sehr praktisch daran: man kann im direkten Umkreis suchen und sich z.B. spontan verabreden. Und man kann nur von den Menschen kontaktiert werden zu denen man vorher selbst „ja" gesagt hat. Suchen Sie in der Zielgruppe der Digital Natives? Dann könnten Sie hier erfolgreich finden. Die Schattenseite dieses Systems: die Auswahl erfolgt überwiegend nach Umkreis und Optik, also den Kriterien die bei der Suche nach Sex wesentlich sind. Probieren Sie es aus in jeder Altersgruppe! Ich habe schon viele getroffen die sich genervt wieder abgemeldet haben, und andere, bei denen das System hervorragend funktioniert. Die Basisversion ist meist gratis nutz- und brauchbar.

Natürlich haben auch die großen Partnerbörsen App-Versionen, da wäre vorher zu klären was die Konditionen sind um wirklich in Kontakt kommen zu können mit potenziellen Partnern.

Sonder-Singlebörsen

Was die meisten suchen, ist für manche Menschen genau das Falsche. Der Mainstream liegt genau zwischen zwei extremen Polen. Die Vorliebe für Rand- oder Spezialgebiete ist daher bei der Partnerfindung ist eine große Chance.

Doch Vorsicht, manche Anbieter sind wirklich klein und technisch wenig ausgereift. Aber manchmal reicht ein einziger richtiger Kontakt für eine lange glückliche Zeit ...

Füttern Sie Ihre Suchmaschine mit dem Stichwort Singlebörse und Ihrem Spezialwunsch und schauen Sie, was für neue Möglichkeiten auftauchen:

- ♥ Naturverbunden, vegan, Tierfreund, Hund
- ♥ Christ, katholisch, spirituell
- ♥ Tanzpartner
- ♥ Dicke, Rubensfan, mollig
- ♥ Glatze
- ♥ BDSM, Fetisch
- ♥ Seitensprung
- ♥ Behinderung, psychische Erkrankung
- ♥ Alleinerzieher (große Chancen für Männer!)
- ♥ Metal, Gothic
- ♥ Berufsgruppen, Job

Resümee

Das sieht nach gigantischen Möglichkeiten aus, oder? Ja und nein. Bevor Sie begeistert losstürmen, möchte ich Sie noch mit Zahlen konfrontieren, die in diesem Bereich üblich sind.

Sabine hat sich bei einer großen und bekannten Partnerplattform angemeldet. Sie lebt in Wien, ist 38, Architektin und durchaus attraktiv. 700 Partnervorschläge vermittelt ihr die Börse sofort, doch Sabine hat ihre Suchkriterien noch nicht angepasst. Ja, sie ist anspruchsvoll und macht das auch in ihren Texten deutlich. Nachdem sie alle Gelegenheitsraucher aussortiert hat, alle die außerhalb des Stadtgebietes von Wien leben und alle die bereits Kinder haben, bleiben 84 Vorschläge übrig. Meine Aufgabe war, die Profile durchzusehen und zu prüfen, wer davon interessiert und aktiv ist.

84 Vorschläge, 26 Anschreiben an die Herren und nach drei Tagen hatten sieben Männer reagiert. Von den sieben Antworten waren vier Absagen, ein sexuelles Angebot eines Verheirateten, eine unsympathische Antwort und ein (ich finde nettes) Mail von nicht so ganz ihrem Traummann. Sabine war völlig frustriert und am Boden zerstört. Gefühlte 99% Absagen gaben ihr einen tiefen Stich ins Herz. Für mich sind diese Zahlen normal. Nach Abzug der Karteileichen (die es auf jeder Plattform gibt) fallen jene raus, die ganz klar andere Kriterien haben. Nur ein kleiner Rest kommt über den zweiten Blick hinaus. In diesem Fall möchte ich ergänzen, dass Sabine selbst im ersten Schritt ungesehen fast

90% der Vorschläge verworfen hat. Manchmal schallt es aus dem Wald heraus, wie man hineingerufen hat.

Sicher ist: Sie sollten sich bei der Online-Suche auf große Zahlen einstellen. Die Rücklaufquote ist auch bei einem guten Profil und einem liebeswürdigen Herz meist geringer als erwartet. Auf zwei Gefahren möchte ich aufmerksam machen: Erstens ist schon mancher Herzensschatz wieder in den Online-Weiten verschwunden, weil man aufgrund der scheinbar unendlichen Auswahl zu oberflächlich beurteilt hat bzw. wurde. Zweitens sind wir es gewohnt, Dinge online auszusuchen und zu bestellen. Fast immer hat man bei Produkten die Wahl zwischen mehreren Typen oder Modellen, klickt eine Seite weiter und bekommt das ersehnte Stück noch günstiger. All diese Dinge sind in Serie gefertigt und vielfach zu haben, von Werbefachleuten ins richtige Licht gesetzt und mit den idealen Verkaufsargumenten beworben. Viele Menschen verwechseln eine Singlebörse mit einem Online-Shop. Und das große Problem bei Menschen ist, dass die auch eine eigene Meinung darüber haben, von wem sie angeklickt werden.

Na dann: Auf ins Abenteuer! Wie Sie Ihr Online-Profil erfolgreich gestalten erfahren Sie im Kapitel Das eigene Profil.

Finden lassen

Partnervermittlungen

Ja, es gibt sie noch immer, die klassischen Partnervermittlungen. Man zahlt einen Beitrag und bekommt dafür Kontaktdaten von anderen Singles. In der Zeit vor dem Internet war das eine wichtige Institution. Ich muss zugeben: Heutzutage bin ich skeptisch, ob das Preis-Leistungs-Verhältnis bei einer vergleichsweise begrenzten Kartei für Treffer sorgen kann. Eine wichtige Gemeinsamkeit haben die Kundinnen und Kunden von Partnervermittlungen: Sie sind im Alltag nicht fündig geworden und sind bereit, für diesen Service tief in die Tasche zu greifen. Wenn Sie dieser Basis zustimmen, dann sind Sie bei diesen Dienstleistern richtig.

Von Menschen, die bei mir im Coaching waren, habe ich nur frustrierte Berichte gehört. Fairerweise muss ich natürlich zugeben, dass die glücklich verkuppelten Paare sicher keinen Termin bei einer Singleberaterin gemacht hätten. Erfolgsgeschichten: bitte zu mir!

Spezialpartnervermittlungen für internationale Partnerschaften übernehmen oft eine nützliche Brückenfunktion. Manchmal kommt die Sehnsucht nach Liebe, bevor jemand die Sprache gelernt oder das Land bereist hat, wo die oder der Zukünftige aufgewachsen ist. Da helfen ortskundige Vermittlungspersonen, die mit je einem Bein in beiden Kulturen stehen. Risiken und Nebenwirkungen – wie immer in der Liebe – auf eigene Gefahr.

Suchdienstleister

Mein Unternehmen *DieLiebesFischer* ist einer der ganz wenigen Suchdienstleister, die im Auftrag der Kundinnen und Kunden auf Partnersuche im Internet gehen.

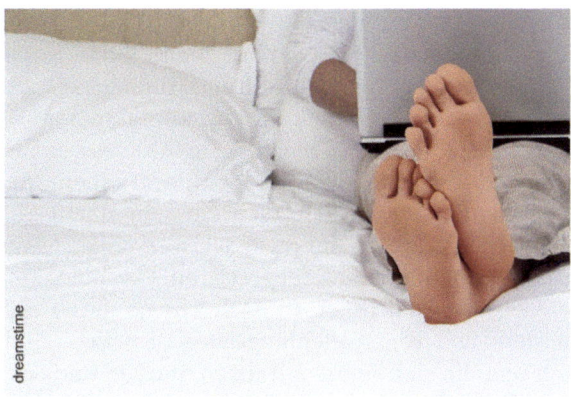

Profiloptimierung, Börsenauswahl und zeitsparendes, anziehendes Ghostwriting gehören zum Service. Ideal für alle, die sich unsicher sind über die Vorgehensweise, die zu wenige Antworten bekommen, und für diejenigen, die ihre Zeit lieber woanders als am Computer verbringen.

Single-Veranstaltungen

Events speziell für Singles haben einen großen Vorteil: Man kann davon ausgehen, nur Menschen zu treffen, die an einer Partnerschaft interessiert sind. Das heißt leider nicht, dass gleich beim ersten Mal Mr. oder Mrs. Right da sein muss. Meine Erfahrung als Veranstalterin von Datings (in Kooperation mit NLPlay®Trainerin Ingeborg Lösch) zeigt: Bei verschiedenen Anbietern und sogar an unterschiedlichen Tagen sind auch andere Menschen anwesend. Die Wahrscheinlichkeit auf den Jackpot steigt, wenn Sie öfters hingehen. Und ich habe immer wieder erlebt, dass sich Paare dort finden.

Viele Veranstalter, und auch ich selbst, haben und hatten immer wieder Schwierigkeiten mit der Mann-Frau-Quote. Bei unseren »Easy-Datings« gab es immer eine mehrfach höhere Frauenquote bei den Gruppen 45+ und deutlich mehr Männeranmeldungen bei den Herren bis 35. Mir scheint, die jungen Frauen werden auf der Straße von Jung und Alt angesprochen und geben kein Geld für ein Dating aus. Wer sozusagen übrigbleibt, das sind die etwas älteren Frauen, die sich nicht mehr in Kneipen herumtreiben und die bei manchen Männern automatisch durchs Suchraster fallen, und diejenigen Männer, die eher zurückhaltend sind und »in freier Wildbahn« mit keiner Frau ins Gespräch kommen.

Was geboten wird, ist Folgendes:

Beim **Speed- oder Fast-Dating** hat man eine bestimmte Zeit, sich zu unterhalten, und wechselt dann zur nächsten Person. Wenn Ihnen jemand sympathisch ist, kreuzen Sie diese Person anonym auf Ihrer »Stimmkarte« an. Bei gegenseitigem (!) Kennenlernwunsch bekommen Sie die Kontaktdaten. Wenn Sie wissen wollen, wer Sie angekreuzt hat, dann machen Sie Ihr Kreuz einfach überall. Diese Taktik ist gut geeignet, um Ihnen ein Gefühl dafür zu geben, wie Sie bei den anderen ankommen. Das kann natürlich auch ein sehr unangenehmes Feedback sein. Ich finde: Besser Sie erfahren auf diese Weise, dass Sie etwas an sich verändern sollten, als jahrelang Körbe zu interpretieren. Psychologinnen, Lebensberater und Single-Coaches stehen Ihnen je nach Thema gerne zur Seite. Es kann auch einfach an einer anderen Wellenlänge liegen. Beliebt sind die Menschen, die zu sich stehen und die sich selbst mit ihren Stärken und Schwächen mögen. Irgendwer muss schließlich damit anfangen.

Single-Partys gibt es mit etwas Glück auch in Ihrer Gegend. Bitte beachten Sie, welche Altersgruppe angesprochen wird. Ü30- oder Ü40-Party bedeutet über 30, über 40 Jahre alt und manchmal muss man sogar den Ausweis zeigen.

Auf **Single-Reisen** werde ich im Reiseabschnitt noch näher eingehen. Das Angebot an Single-Reisen wächst glücklicherweise, die Schwierigkeiten mit der Quote sind allerdings auch hier sichtbar und überfordern mache Veranstalter bzw. bewegen sie dazu, auf ein ausgewogenes Geschlechterverhältnis zu verzichten.

Chronische Singles in Sicht

Single-Veranstaltungen zeigen deutlich, was im Internet oder im Alltag unsichtbar bleibt: die »chronischen« Singles, denen die Resignation schon ins Gesicht geschrieben steht und die wenig anziehend wirken. In der Praxis habe ich das auf einer Single-Boogie-Party so erlebt: Die Mann-Frau-Quote war ausgeglichen, Altersgruppe etwa 40 bis 55 Jahre, 30 Männer und 30 Frauen waren anwesend. Je 10 Männer und 10 Frauen wirkten auf den ersten Blick attraktiv. Also konzentrierten sich 30 Personen darauf, mit den jeweils 10 Top-Kandidaten in Kontakt zu kommen bzw. mit jenen davon, die zum eigenen

Suchschema passten. Die stark umworbenen Personen interessierten sich selbstverständ-
lich auch für die »Spitzengruppe« des anderen Geschlechts. Sicherlich gab es Ausnah-
men, wo Einzelne weniger schnell ihr Urteil fällten, natürlich habe ich als Veranstalterin
versucht, mit Interventionen für eine Durchmischung und neue Blickwinkel zu sorgen.
Letztendlich haben sich einige Paare gefunden und der große frustrierte Rest der »Über-
sehenen« blieb zurück. Dieses Gefühl von »Nicht-gewollt-Sein« in der Luft, das tut mir
selbst so weh, dass ich mich als Veranstalterin von Single-Events sehr zurückgezogen
habe. Was mich dann doch immer wieder »rückfällig« werden lässt, das ist die große
Nachfrage und die Freude über die entstandenen Liebespaare. Mein Rat: Single-Events
sind Selbsterfahrung! Für diejenigen, für die alles gut läuft, wunderbar! Doch diejenigen,
die sich verletzt oder frustriert fühlen und die von niemandem gewählt werden, die soll-
ten sich fragen, ob sie unter den passenden Menschen waren oder wie sie selbst mehr An-
ziehungskraft gewinnen können. Mein Buch bietet dazu viele Ratschläge.

Zeitungsanzeigen

Kontaktanzeigen in Zeitungen sind selten geworden. Haben Sie nicht auch schon
einmal einen Blick riskiert, so nebenbei, ob vielleicht ein sympathischer Mensch
dort zu finden ist?

Je nach Text und Angebot, hält sich der Rücklauf in Grenzen. Dennoch eine gute
Möglichkeit, die Fans von bestimmten Themengebieten zu erreichen, die viel-
leicht spontan mit dem Gedanken an Partnerschaft spielen. Kulturorientierte
Vielleser, ausgehfreudige Abonnenten von Stadtmagazinen, die »Pinnwand«
vom örtlichen Gratismagazin oder das Heft im Bioladen: Sie bieten durchaus die
Chance auf einen Glückstreffer. Eine Annonce in einer reinen Männer- oder
Frauenzeitschrift verschafft Ihnen einen Vorsprung gegenüber dem »Mitbe-
werb«!

Bitte beachten Sie: Schreiben Sie nicht nur, was Sie sich wünschen, sondern
auch, welche Sehnsüchte Sie erfüllen (Werbung in eigener Sache!). Vorsicht bei
Chiffre-Anzeigen: Unbedingt auch eine E-Mail-Adresse angeben, denn zu leicht
scheitert der Kontakt, weil er oder sie keine Briefmarke auftreibt oder die Füllfe-
der eingetrocknet ist (außer Sie setzen bewusst auf die Menschen, die noch klassische Briefe schreiben können).

Sie können auch mit einer Print-Anzeige auf ein Online-Profil aufmerksam machen. Auf manchen Gratis-Singlebörsen kann man, ohne selbst angemeldet zu
sein, nach Benutzername oder Nummer suchen und mehr über die Person aus
der Annonce erfahren.

Vielleicht richten Sie sich eine eigene E-Mail-Adresse für die Partnersuche ein (idealerweise ein kurzer Name mit Aussage wegen des Zusatzeffekts!) oder Sie kaufen sich für diesen Zweck eine SIM-Karte, um eine anonyme Telefonnummer angeben zu können.

Kennenlernen im richtigen Leben: Ideensammlung

Es funktioniert noch immer: Sich begegnen, sich füreinander interessieren – und dann wird mehr daraus. Die einzige Voraussetzung: Sie sollten unter Leute kommen, und zwar im passenden Umfeld. Dieses Kapitel soll Ihnen frische Ideen liefern, Erinnerungen wachrufen wie »Ach ja, da wollte ich auch schon längst einmal hingehen« und Ihre Aufmerksamkeit für die vielen Möglichkeiten des Alltags schärfen. Vielleicht markieren Sie die für Sie interessanten Orte und Gelegenheiten. Wie Sie dort dann in Kontakt kommen, das erfahren Sie, wenn Sie weiterlesen. Das Internet wird Ihnen helfen, die entsprechenden Plätze in Ihrer Region zu finden.

Hinweis für Männer: Warum nicht einmal mitten unter Frauen wagen? Frauenüberschuss ist häufig im sozialen Bereich gegeben, wenn es um Schönheit und Wellness geht, rund um das Thema Kinder, in manchen Cafés, in Boutiquen ... Halten Sie doch bei einem Bummel die Augen offen, wo die Damen zahlreich vertreten sind. Manchmal verpassen sich Frauen und Männer einfach. Ich war einmal Zeugin, wie in einer angesagten Bar am Wochenende vor allem Frauen saßen, die spätestens um 23 Uhr nach Hause gingen. Später, nach 24 Uhr war plötzlich Männerüberschuss. Mr. Cool scheint also zu warten, bis er als Topact die Szene betritt, während die Damen nach einem ereignislosen Abend frühzeitig aufgeben.

Hinweis für Frauen: Ladys, warum nicht einmal »in Männern baden«? Es gibt so viele Orte, wo das möglich ist und Sie schon durch Ihre bloße Gegenwart jede Menge Aufmerksamkeit bekommen können: Fußballspiele, Public Viewing diverser Sportereignisse, Autozubehörmärkte, Technik- und Elektronikabteilungen, Motorrad- bzw. Bikertreffen, Sportzubehörläden, die Kraftkammern der Fitnessstudios. Ich höre schon die Gegenargumente: »Nein, so einen saufenden Fußballfan oder Rocker will ich nicht als Freund.« Brauchen Sie auch nicht. Auch »ganz normale« Männer sind an solch »einschlägigen« Orten zu finden oder gehen vielleicht gerade mit einem Freund mit. Und hatten Sie nicht neulich erwähnt, dass Ihnen der Typ aus dem Yogakurs »nicht männlich genug« war ...?

Ausgehen ist eine bewährte Möglichkeit, um neue Menschen kennenzulernen. Wichtig bei der Wahl des Ortes ist die passende Altersgruppe. Deshalb ziehen Sie bitte nicht nur Discos und Bars in Betracht, sondern auch Kneipenviertel, Cafés oder Tanzlokale.

Beruf und Business ist ein Bereich, den Sie unbedingt beachten sollten. Kollegen und Kolleginnen, Firmenfeste, Meetings, Geschäftsfreunde, Zulieferer, B2B-Treffen, Kundinnen und Kunden – fällt Ihnen spontan eine Person ein, die schon längst mehr Beachtung finden sollte? Manche Menschen sind so vertieft in berufliche Themen, dass sie noch gar nicht an private Möglichkeiten gedacht haben ... Das können Sie ändern, oder? Womöglich bietet auch ein Nebenjob Möglichkeiten für neue Kontakte.

Bildung und Wissen: Kurse sind eine gute Gelegenheit, um Verbindungen entstehen zu lassen. Es gibt auf jeden Fall ein gemeinsames Interessensgebiet als Gesprächsthema. Bei manchen Instituten oder Volkshochschulen kann man den ersten Abend als Schnupperabend buchen (falls Plätze frei sind). Und (pst!) wenn keine interessanten Leute dabei sind, einfach zum nächsten Kurs wechseln.

Freundeskreis – dieses Thema braucht besondere Beachtung! Sie wissen doch: Irgendwer kennt irgendwen, der wieder jemanden kennt. Die Singlefreunde Ihrer Facebook-Freunde haben Sie schon gesichtet? Oder haben Sie Ihrer noch immer schwelenden Jugendliebe endlich einmal geschrieben?

Alt und sehr bewährt: jemanden auf einer Party kennenlernen. Hier sind Ideen, um Ihre persönliche Partyanzahl und Kennenlernquote zu erhöhen:

- ♥ Erzählen, dass Sie Lust auf eine Party haben.
- ♥ Mit Freundinnen und Freunden gemeinsam einladen: Wenn Sie zu dritt sind und jeder zehn Freunde mitbringt, ist schon eine nette Runde beisammen.
- ♥ Jeder Gast soll noch eine Person mitbringen.
- ♥ Wenig Aufwand: Wählen Sie doch eine arbeitssparende Variante, bei der Sie einfach in einer Bar einen Bereich reservieren, und jeder zahlt die Getränke selbst.
- ♥ Statt Party vielleicht ein gemeinsames Freizeiterlebnis organisieren (Draisinentour, Weinprobe, Schlittenfahrt, Wanderung, Spieleabend ...), vielleicht sogar an einem Ort, wo auch noch andere Gruppen sein könnten.

International: Lockt Sie ein anderer Hintergrund? Sind Sie neugierig auf andere Sprachen, ein anderes Alltagsverständnis, andere Kommunikationsformen – und dazwischen die Liebe, die verbindet? Kulturzentren, Märkte, Sprachschulen, internationale Konzerne und Organisationen, Hilfsprojekte, Asylantenheime, Integrationshäuser, multikulturelle Projekte, Soziokultur – irgendetwas davon gibt es höchstwahrscheinlich auch in Ihrer Stadt und ganz sicher ist: Gleich hinter Ihrer Landesgrenze wird es international!

Kinder! In diesem Themenbereich ist Frauenüberschuss und Sie sind als Mann ganz leicht der Hahn im Korb! Auf Spielplätzen, in Cafés mit Kinderspielbereich, in Erlebnisbädern, Tiergärten etc.

Kultur und Kunst: Theater, Konzerte, Kammermusik, Chöre, Opernhäuser, Ausstellungen, Vernissagen, Galerien, Kunsthandwerk, Antiquitäten, Architektur, Museen ... Kunst und Kultur locken auch in Zeiten des Internets noch immer die Menschen ins echte Leben. Also: Mal wieder ausgehen?

Queer: Das Wort »queer« wurde zum Sammelbecken für Schwule, Lesben, Bisexuelle, Intersexuelle, Transgender, Pansexuelle, Asexuelle, BDSMler, Polyamorie lebende heterosexuelle Menschen und viele mehr. Manchmal ist es die Erfüllung, zur eigenen Einzigartigkeit zu stehen, und die Erlösung, Gleichgesinnte zu finden.

Selbsthilfe: Gerade für die Singles, die gerne tiefe Gespräche führen oder deren Freundeskreis eher klein ist, kann so eine Bezugsgruppe dem Leben eine neue positive Richtung geben. Selbsthilfegruppen, an die man vielleicht nicht sofort denkt, befassen sich beispielsweise mit Themen wie Trauer, Trennung, Sexualität, Männer, Frauen, Alleinerziehende, Burnout, Sammelsucht und – natürlich Singles!

Spiritualität: Ob Weltreligion oder Meditationszirkel, Esoterikmesse oder Pilgerweg: Überall finden Sie Menschen, die sich auf verschiedene Art dem Übersinnlichen widmen. Das Angebot ist riesig und vielfältig. Bewusstseinserweiterung sorgt auch oft für neue Kontakte!

Sport ist eine hervorragende Möglichkeit des Kennenlernens. Sport tut dem Körper gut – und auch der Seele und dem Geist. Bewegung vertreibt Depression, Überwindung stärkt das Selbstbewusstsein, Muskelkater lässt Sie vielleicht vernachlässigte Körperzonen neu entdecken. Sie können beim Lernen, in Probestunden oder beim Ausüben Ihrer Sportarten jemanden kennenlernen oder Sie können zuschauen und nebenbei in Kontakt kommen.

Tanzveranstaltungen sind traditionell Events, wo es ums Flirten und Kennenlernen geht. Wem Walzer, Cha-Cha-Cha und Rumba zu konventionell sind, der wird vielleicht bei Lindy Hop, Salsa, Boogie und Tango Argentino fündig. Tänze außerhalb vom Paartanz sind: Linedance, Barfußtanzen, Bio-Danza, Jazzdance und Partytänze. Ein internationaler Trend ist derzeit Bal Folk: Das Erfolgsrezept ist eine Live-Band, die Folkmusik spielt, während dazu paarweise, im Kreis oder in Reihen getanzt wird. Fast schon Speed-Dating ohne Worte!

Tiere: Hundebesitzer lernen einander bekanntermaßen leicht kennen, aber auch Pferd, Hamster und Vogel bieten Gesprächsstoff und gemeinsames Interesse. Je nach Ihrer Vorliebe: Augen auf in Hundespielzonen, vor dem Futterregal im Supermarkt, bei Tierausstellungen, Wettbewerben und Märkten.

Urlaub und Reisen: Einzelreisende finden im Allgemeinen sehr schnell Kontakt. Dabei sollten Sie prüfen, ob Sie Zeiten des Alleinseins genießen können, und Orte wählen, wo Begegnungen leicht möglich sind. Es gibt auch Gruppenreisen, und – besonders interessant – inzwischen einige Anbieter von speziellen Single-Reisen. Wenn es Ihnen einfach darum geht, nicht alleine zu verreisen, dann können Sie eher zugreifen. Falls Sie echte Partnermöglichkeiten vorfinden möchten, dann sollten Sie kritisch prüfen, ob eine Quote garantiert ist und wie die Altersgruppe aussieht. Weitere Stichworte für gemeinsame Reiseerlebnisse sind: Single-Wallfahrten, Workshops, Kreativ-Camps, Kulturreisen, Wanderreisen, Seminarreisen, Fastenwanderungen, frequentierte Pilger- oder Weitwanderwege, Zeitungen, die regelmäßig Leserreisen veranstalten. Eine sehr preisgünstige Art, anderswo in einer Gruppe zu sein, sind Workcamps, die gemeinnützige Projekte mit tatkräftiger Hilfe unterstützen.

Weltveränderung: Darf er oder sie die Welt bewegen wollen, sich für eine gute Sache einsetzen? Stichpunkte für Ihre Recherche sind Ehrenamtsbörsen, Parteien, Bürgerinitiativen, soziale Einrichtungen, Wohngemeinschaften im weitesten Sinn (Co-Housing, generationsübergreifende Projekte etc.), Umweltschutz- und Menschenrechtsorganisationen, Tierschutz, Vereine, Tauschkreise, Kultureinrichtungen, Denkmalschutz und viele mehr. Philipp hat den Heiligabend mehrere Jahre lang als Helfer in einer Obdachlosenküche verbracht. Das hat ihm einen einsamen Abend erspart, hungrige Mägen gefüllt und für nette Kontakte gesorgt.

♥ Möchten Sie gleich ein Brainstorming machen, welche neuen Orte Sie demnächst besuchen werden?

Gelegenheiten in der Praxis

Ins Gespräch kommen mit Unbekannten

Jemanden sehen, ins Gespräch kommen, locker plaudern, vielleicht etwas gemeinsam unternehmen, Kontaktdaten austauschen usw. Das ist der natürliche Ablauf, wie sich zwei Menschen kennenlernen. Ganz einfach, vorausgesetzt es besteht Offenheit und es kommt zu einem gegenseitigen Interesse.

Für viele Menschen scheint dieser lockere Ablauf unerreichbar und ist mit tausend Ängsten besetzt. Ich kann Sie beruhigen: Alles ist Übungssache und erlernbar. Ich möchte speziell die Damen ermutigen, zukünftig die Initiative zu ergreifen, anstatt bestenfalls zu lächeln und zu warten.

Viele Menschen haben eine Ansprechhemmung. »Mit Fremden spricht man nicht«, »Du könntest dich blamieren«, »Was denkt der von dir?« – das sind die üblichen inneren Stimmen, die uns stumm bleiben lassen. Völlig normal, aber sehr hinderlich für neue Kontakte. Wer etwas anderes erreichen möchte, muss etwas anderes tun.

Zuerst kommt ein wenig Theorie und später verrate ich Ihnen die Schritte, mit denen Sie selbst trainieren können, zu einer Visitenkarte, zu einem

One-NightStand, zu einem Korb, zu einer Freundschaft oder zu einer glücklichen Beziehung zu kommen.

Wo Sie jemanden ansprechen können? Überall! Im Bus, auf dem Parkplatz, beim Arzt, im Aufzug, im Restaurant, beim Spaziergang – alles Menschen, viele davon mit dem Wunsch nach Kontakt.

Direkt oder indirekt

Im ersten Schritt brechen Sie das Eis, bei sich und beim Gegenüber. Es geht noch nicht darum, gleich ein ganzes Gespräch aufzubauen, sondern nur darum, jemanden anzusprechen und zu erleben, was daraufhin passiert. Dieser erste Satz ist häufig notwendig, um das Gegenüber auf sich aufmerksam zu machen. Ich selbst bin so oft »in meinem Film«, dass andere Menschen nur unscharf als Kulisse existieren. Mit dem ersten Satz ändern Sie das Drehbuch und richten die Scheinwerfer der Aufmerksamkeit bewusst oder scheinbar zufällig auf sich. Suchen Sie sich Ihre »Lieblingsmasche« aus, die zu Ihrem Typ und dem jeweiligen Ort passt.

Es gibt in jeder Situation drei Arten, mit einem fremden Menschen in einen ersten Kontakt zu treten: direktes Interesse und indirekt über eine Gemeinsamkeit oder eine Frage.

Direktes Interesse

Üblich bei der Partnersuche ist ein Ansprechen über das direkte Interesse am Gegenüber. »Darf ich dich auf ein Getränk einladen?« Vorteil: Damit ist klar, was los ist. Nachteil: Für manche geht diese Anmache zu schnell und man ist schneller wieder abgeblitzt, als eigentlich gewollt. Nur aus Reflex, weil sie mit der Situation überfordert ist oder sich gerade nicht mit Flirts befassen möchte.

Typische Beispiele sind:

»Sie haben so ein angenehme Ausstrahlung.« »Sie erinnern mich an einen Schauspieler/eine Verwandte/einen Bekannten aus ...« »Du siehst so sportlich aus, bist du Triathlet/Läufer/Tennisspielerin ...?« »Waren Sie nicht vergangene Woche auch im Theater/in der Südkurve/im Schwimmbad...?« »Hallo, ich bin Eva und würde dich gerne kennenlernen. Schenkst du mir zwei Minuten mit dir?« »Werden Sie bereits erwartet? Nein? Dann möchten Sie sich vielleicht zu mir setzen.«

Googeln Sie ruhig nach Flirtsprüchen, wenn Sie auf diese Art in Kontakt kommen möchten.

Indirektes Interesse

Gemeinsames Erlebnis: Neutraler, weil indirekter, ist das gemeinsame Erlebnis. Zwei Menschen, die miteinander sprechen können, befinden sich immer in einer gemeinsamen Situation, über die man reden kann. Das gemeinsame Thema zu finden, können Sie wunderbar trainieren, und zwar überall. Wo immer Sie einen Menschen sehen, egal ob Mann oder Frau, alt oder jung, überlegen Sie sich: Was könnte ich über unsere gemeinsame Situation sagen? Mit der Übung wird Ihre Schnelligkeit erstaunlich steigen. Spontaneität ist erlernbar! Zuerst brauchen Sie vielleicht drei Tage, bis Ihnen ein Satz einfällt, dann drei Stunden und irgendwann drei Minuten, vielleicht sogar nur drei Sekunden für die ganz Fitten. Am einfachsten funktioniert Ansprechen an Orten, wo keine Anmache erwartet wird. Typische Beispiele sind:

Theaterpause: »Haben Sie diese Schauspielerin auch schon in der Rolle ... gesehen?«, »Wie gefällt Ihnen die Aufführung?«

Tankstelle: »Praktisch, dass man bei diesem Wetter die Scheiben nicht zu putzen braucht.«, »Ich tanke am liebsten hier, weil die Croissants so gut sind/weil die hier immer so freundlich sind.«

Bus/Bahn: »Glück gehabt, heute gibt es sogar Sitzplätze.«, »Viel/Wenig los heute.«

Einkaufszentrum: »Nette Dekoration haben die aufgebaut!«, »Gut, dass es hier schattig/trocken/geheizt ist!«

Nutzen Sie auch besondere Ereignisse im Umfeld, einen Stau, das Wetter, Passanten, die streiten, ein Kind, das sich besonders verhält – Sie können bald über alles reden!

Information, Rat, Hilfe

Noch dezenter ist eine sachliche Frage, bei der womöglich jede x-beliebige Person Auskunft geben könnte.

Supermarkt: »Sehen Sie hier irgendwo Schokoladenkuchen/Blätterteig/diese XYZ-Chips? Ich weiß, das muss hier sein.«, »Ach, Sie haben ... im Wagen. Ich habe auch schon überlegt ... zu nehmen. Können Sie das empfehlen?«

Unterwegs: »Entschuldigung, darf ich kurz den ...-Teil Ihrer Zeitung ausborgen?«, »Entschuldigung, hätten Sie vielleicht ein Taschentuch für mich?«, »Kennen Sie den Weg zum ...?«, »Wissen Sie, wo der nächste Bankomat ist?«

Geschäfte sind gut geeignet, um mit Menschen in Kontakt zu kommen. Im Baumarkt, im Elektronik-Geschäft, in einer Parfümerie, im Garten-Center: Wechseln Sie mutig die Bereiche, dorthin, wo Ihre Zielgruppe sich gerne aufhält. Messen, Konzerte, Märkte, Berggipfel – vielleicht wird »Menschen-Bummeln« Ihr neues Hobby. Doris war auf der Messe »Bauen und Wohnen« und ohne danach zu suchen, hätte sie mehrere Männer mit nach Hause nehmen können. Lennert hat sich in eine Parfümerie gewagt und von den Kundinnen mit viel Spaß bei der Duftauswahl beraten lassen.

Grundsätzlich: Indirektes Interesse ist gut geeignet an Alltagsorten, direktes Interesse wird vorausgesetzt bei Begegnungen in Bars, Discos etc. Fortgeschrittene können mit dem Gegenteil spielen: Dass eine Frau aus Versehen neben seinem Bierglas ihren Ohrring verliert, das wird kaum ein Mann glauben. Trotzdem kann sie das Zusammentreffen so provozieren. Andersherum kann ich an Alltagsorten mit direktem Interesse gezielt für Klarheit sorgen. Im Supermarkt: »Das sieht nach einem Single-Einkauf aus. Habe ich richtig geraten?«

In vier Schritten zum Gespräch mit Fremden

Hier finden Sie jetzt die vier Schritte, um nach und nach zu einem Gesprächsprofi zu werden. Beginnen Sie mit Schritt 1, bis es Ihnen leicht fällt und Sie dieses Verhalten verinnerlicht haben. Dann steigern Sie auf Schritt 2, bis es Ihnen leicht fällt usw.

Schritt 1: In die Nähe kommen

Ganz klar: Um mit jemandem sprechen zu können, hilft es, in der Nähe zu sein und nicht von der anderen Seite des Raumes verstohlene Blicke zu werfen.

Ihr Übungsprogramm: Im Regal daneben etwas suchen, mit dem Handy am Ohr »gedankenverloren« umherstreifen, sich an der Bar neben ihm zur Bedienung drängen und nach einer Serviette fragen usw. Wichtig dabei: kein Augenkontakt, sonst sind die folgenden Schritte nicht mehr »absichtslos«.

Schritt 2: Eine Frage, fertig

Fragen Sie nach der Uhrzeit, dem Weg zu ..., nach einer bestimmten Öffnungszeit, nach Eisdiele/Handyanbieter/Zigaretten- oder Geldautomat ... »Danke schön.« Und weg.

In diesem Schritt überwinden Sie die bei vielen tief verankerte Scheu, Menschen anzusprechen. Sie werden merken, dass Ihnen diese Übung bei manchen sehr leicht fällt, bei anderen bleibt Ihnen fast die Luft weg. Es ist völlig normal, dass die Herausforderung steigt, je attraktiver das Gegenüber für uns scheint. Spielen Sie damit! Zuerst fragen Sie die alte Dame nach dem Weg, dann ein gleichaltriges Pärchen und irgendwann die Person, die Ihnen Herzklopfen macht. Kein Leistungsdruck! Sie brauchen nichts weiter tun, als diese eine Frage zu wagen. Sie brauchen nicht einmal die Frage zu wechseln. Nehmen Sie die, mit der Sie sich wohl fühlen. Wahrscheinlich kennen sich die Angesprochenen nicht untereinander, und schlimmstenfalls sind Sie der schräge Typ, der den Zigarettenautomaten nicht findet.

Ich habe einmal mit David sechs Stunden lang in der U-Bahn geübt, Frauen anzusprechen. Sein Spruch war immer derselbe: »Ich hab vergessen, einen Fahrschein zu kaufen. Weißt du, wie man das mit dem Handy macht?« Ich konnte sehen, wie er immer sicherer wurde, wie er kleine Gespräche geführt hat und bei manchen Frauen lieber schnell weitergegangen ist, sobald sie den Mund geöffnet hatten. David hat mir geschrieben: »Das war wie in einer anderen Welt, nämlich in einer, in der ich gerne leben möchte. Die Stadt, die üblicherweise anonym an mir vorbei rauscht, hat heute plötzlich ein Gesicht bekommen. In den anonymen Massen der U-Bahn bin ich Menschen begegnet, nur weil ich sie angesprochen habe. Das war eine unglaubliche Erfahrung und ich habe das Gefühl, nun ganz viel in diese Richtung weiterentwickeln zu können.«

Schritt 3: Gespräch ohne weiteres Interesse

Jetzt nähern wir uns einem echten Gespräch. Der Unterschied zwischen diesem und dem nächsten Schritt ist nur dieser: Vorerst machen Sie eindeutig klar, dass Sie vergeben sind und es sich bei Ihrer Annäherung ganz sicher (!) um keine Anmache handelt. Für viele Menschen ist das deutlich einfacher, andere übergehen diesen Schritt.

Für dieses erste Gespräch ist etwas Vorbereitung sinnvoll. Sie brauchen eine Einleitungsfrage, und zwar eine, auf der sich aufbauen lässt, und zwei weitere Reservefragen, um das Gespräch in Schwung halten zu können.

Beispiel: Einleitung: »Ihr Mantel ist schön! Der würde meiner Freundin (sagt ein Mann, eine Frau erwähnt ihren Freund) sicher auch gefallen. Darf ich fragen, wo Sie den her haben?« Antwort: »...«
Erste Reservefrage: »Glauben Sie, den gibt es noch?« Antwort: »...«
Zweite Reservefrage: »Danke auf jeden Fall für die Information! Kennen Sie sich allgemein gut aus mit Mode?«

Anfangs ist das der Zeitpunkt, das Gespräch zu beenden, sich zu verabschieden und zu reflektieren, was gut gelaufen ist und was Sie noch hätten sagen können.

Das trainieren Sie, bis Sie mit der Situation vertraut sind und mit Leichtigkeit Ihr kleines Programm abspielen können.

Weitere Situationsbeispiele:

Buchhandlung: Sie sehen einen interessanten Menschen vor dem Reise(Wirtschafts-/Lebenshilfe-)Regal. Am Regal erkennen Sie, für welches Thema sich diese Person interessiert und können Ihre Frage(n) zurechtlegen.

Einleitung: »Entschuldigung, kennen Sie sich ein wenig aus mit Südamerika (Bilanzbuchhaltungs-/Ernährungs-)Ratgebern?« Antwort: »...«
Erste Reservefrage: »Ich suche nämlich für meinen Mann eine Kleinigkeit. Würde Sie dieses Buch über .... interessieren?« Antwort: »...«
Zweite Reservefrage: »Waren Sie selbst schon einmal in Südamerika?« oder »Beschäftigen Sie sich auch beruflich mit Wirtschaftsthemen?« oder »Glauben Sie, die XY-Kur ist wirkungsvoll?«

Wenn Sie spontan und mutig sind: einfach Ihren Impulsen folgen und sagen, was Ihnen einfällt! Wenn der Faden abreißt oder das Gegenüber verschlossen bleibt: Sie können sich jederzeit bedanken und verabschieden. Mit zunehmender Übung werden Sie unterscheiden können, wo Sie geschickter sein könnten und wo das Gegenüber einfach nicht offen ist.

Es gibt nur eine begrenzte Zahl von Reaktionen. Einmal Ablehnung: Ziehen Sie sich zurück und wechseln Sie zur nächsten Person. Dann Unsicherheit: Geben Sie dem Gegenüber Zeit. Und schließlich Offenheit: Genießen Sie das Kennenlernen!

Aufmerksamkeit ist ein Geschenk!

Ihnen fällt ein Mensch auf, und der ist es Ihnen wert, auf ihn zuzugehen. Schon das ist ein Kompliment! Wenn ich Ihnen jetzt ein Schokoladenbonbon anbieten würde, würden Sie es nehmen? Vielleicht lieber ein Schinkenbrot? Oder einen Apfel?

Ganz ehrlich: Wo greifen Sie zu und warum machen Sie einen Unterschied? Manche Menschen sind hungrig, andere satt, einige sind auf Diät, andere sind mit einer süßen, salzigen oder gesunden Kleinigkeit zu locken. Vielleicht ernährt sich jemand vegan und lehnt deshalb ab ... Hundert Gründe beeinflussen den Griff zum Buffet – selbst wenn die Qualität der dargebotenen Speisen exzellent ist.

Selbst wenn Sie der wunderbarste Mensch der Welt sind, manche Menschen sind gerade satt in Bezug auf Beziehungen, haben gerade Sorgen oder Stress, möchten alleine sein. Nehmen Sie eine Abweisung nicht persönlich! Wie der Koch am Buffet. Bieten Sie einfach Ihre Aufmerksamkeit an – und beobachten Sie, wer zugreift.

Schritt 4: Unterhaltung

Schritt 4 ist genauso wie Schritt 3 eine Frage mit 2 Reservefragen. Der Unterschied ist, dass Sie sich nicht hinter einer vorgetäuschten Beziehung verstecken. Das Gegenüber könnte merken, dass Sie an ihm interessiert sind. Das macht nichts! Sie verschenken Aufmerksamkeit und Anerkennung, das ist etwas Gutes.

Beginnen Sie das Gespräch, auch wenn Ihnen die Reservefragen noch fehlen. Mit der Zeit lernen Sie, spontan zu sein, und die Ideen fließen aus Ihnen heraus. Ich spreche hier von 100 Übungsgesprächen, nicht von drei. Das klingt nach viel, doch warten Sie nicht auf perfekte Umstände. Jeden Tag drei Kontakte, vorher dürfen Sie nicht nach Hause, und nach ein bis zwei Monaten sieht Ihre Kontaktwelt völlig anders aus. Mit einer Strichliste werden Sie zum Kontaktprofi! Riskieren Sie, sich zu blamieren, abgewiesen zu werden, den Faden zu verlieren! Irgendwann kennen Sie jede Situation und beginnen sich zu entspannen. Wie beim Autofahren. Wissen Sie noch, wie kompliziert und aufregend das alles am Anfang war? Manche Menschen sind Naturtalente, wenn sie erst einmal die erste Überwindung geschafft haben und sprechen sofort mit Leichtigkeit.

Rat, Vertiefung, Gemeinsamkeit – das sind Ihre Stichwörter, wenn Ihnen die Fragen ausgehen:

Rat: »Wo ist der nächste Bankomat?«
Vertiefung: »Wirklich, schon die zweite Straße rechts?«
Gemeinsamkeit: »Sie kennen sich aber gut aus, wohnen Sie in der Nähe?«

z.B. auf dem Parkplatz:
Rat: »Schönes/praktisches Auto. Sind Sie zufrieden damit?«
Vertiefung: »Braucht das sehr viel Treibstoff?«
Gemeinsamkeit: »Ich wollte mir auch einen ... zulegen. Hatten Sie früher schon einen ...?«

Bonusmaterial Schritt 5: in Kontakt bleiben

Jetzt kommt die Meisterschaft! Aus Fremden sind bereits Bekannte geworden. Beide haben einen Eindruck voneinander gewonnen. Falls Sie die Chance haben, später wieder anzuknüpfen, dann ziehen Sie sich zurück. Riskieren Sie es, vermisst zu werden. In der U-Bahn, im Lift, auf der Straße sollten Sie den Rückzug weglassen, sonst sehen Sie sich vielleicht nie wieder. An die meisten Orte kann man wieder zurückkehren und noch einmal anknüpfen. Der Rückzug hat den Vorteil, dass Sie sich eine Frage zurechtlegen können und dass sich die andere Person nicht belagert vorkommt.

»Das war so nett mit dir vorhin, hast du Lust, dass wir E-Mail-Adresse/ Telefonnummer austauschen?«, »Sag, bist du auch auf Facebook? Dann schicke ich dir ein Foto von .../ den Link zu ... (Bezug nehmen auf etwas, was vorher gesagt wurde).«, »Danke für den Rat vorhin. Darf ich dich dafür noch zu einem Getränk einladen?«

Natürlich ist eine E-Mail-Adresse noch keine Garantie, dass mehr daraus wird, aber die Richtung stimmt! Und es kann mehr daraus werden ...

Unterschiede zwischen Männer- und Frauenverhalten

Wir leben in einer Zeit, in der die Bedürfnisse nach gleichberechtigtem Verhalten und klassischer Rollenverteilung höchst unterschiedlich sind. Meine Umfragen haben ergeben, dass alle Männer es begrüßen, wenn eine Frau den Kontakt herstellt; manche behalten sich vor, zuerst irritiert zu sein. Wenn der Kontakt jedoch gut verläuft, dann zählt nur noch, das angenehme Miteinander zu verlängern.

Für so manche Frau ist ein ermutigendes Lächeln das Maximum an »rotem Teppich« für den Herrn, andere wollen Gleichberechtigung und selbst aussuchen. Mir hat eine Russin in Wien erzählt, ein Mann, der nicht nach dreimal Abblitzen wiederkommt, hat keine Chance bei ihr. Die Herkunft mischt also zusätzlich im Verhaltenskodex mit.

♥ Was ist Ihr Stil und möchten Sie ihn überdenken?

Eine Emanze faucht einen Herrn an, der ihr die Tür aufhält: »Bloß weil ich eine Frau bin, brauchen Sie mir nicht die Tür aufzuhalten!« – »Ich halte Ihnen nicht die Tür auf, weil Sie eine Dame sind, sondern weil ich ein Gentleman bin!«

Das Erste-Hilfe-Ansprech-Set und weitere Tricks

Erste-Hilfe-Ansprech-Set

Beruhigend ist ein Survival-Paket »für alle Fälle« in der Handtasche oder in der Geldbörse, auf das Sie zurückgreifen können, wenn Ihnen im Notfall die Ideen ausgehen

Dazu gehört:

♥ Eine Visitenkarte (je nach Stil privat oder geschäftlich) oder ein handgeschriebener Zettel mit Telefonnummer oder E-Mail-Adresse
♥ Ein kleiner Ohrring (Armband, Glitzerherz), um es neben ihm zu »verlieren« oder neben ihr »finden« zu können.

♥ Ein halb gelöstes Kreuzworträtsel, um eine Frage parat zu haben.

Im Notfall tut es auch ein Geldschein! »Entschuldigung, ich habe gerade hier diesen Schein gefunden. Der lag schon ein Weile hier. Was glaubst du, sollte ich

jetzt machen?« »...« Noch ein wenig Hin und Her zum Thema Fundbüro, Glück, »noch nie passiert«. Die Überleitung zum gemeinsam Ausgeben ist dann leicht.

Oder lassen Sie sich Visitenkarten drucken! Vorne steht: »Ein Leben ohne mich ist möglich, aber sinnlos.« Und auf der Rückseite: »Ruf mich an, Tel. ...«

Buttons

Harald trägt einen Button, auf dem steht: »Mein Beispiel soll Hoffnung geben.« Das passt sicher nicht zu jedem, aber verwunderte Kommentare sind ihm damit sicher. Die Grünen hatten einmal den genialen Button: »Ich wähle grün, frag mich, warum!« Das lädt natürlich hervorragend zum Gespräch ein. Lassen Sie sich doch auch einen Button drucken »Ich mag Katzen, frag mich, warum!«, »Ich glaube an die Liebe, frag mich, warum!« Der beste Spruch fällt Ihnen selbst ein. Den gibt es dann nur einmal ...

Accessoires

Ringe, Ohrringe, Ketten – gute Gesprächsaufhänger, wenn Frau und, je nach Stil, auch Mann sich mit einem Zahnrad als Kettenanhänger oder mit einer Platine als Ohrring als Technikfreak outet, mit einer Pulsuhr als Sportler bzw. Sportlerin, mit einer Notenkrawatte als Musikliebhaber, mit einem Froschkönig als Single usw. Hinweis: Die Ringfinger lassen Sie am besten demonstrativ frei!

Foto: privat

Beliebt sind derzeit T-Shirts mit teils witzigen Aufdrucken wie »Frauenversteher«, »EINZIG, nicht ARTIG«, »Erfahrungs-Millionärin« usw. Sicher finden Sie im riesigen Angebot den Aufdruck, der zu Ihnen, Ihrem Humor und Ihrer Zielgruppe passt. Sie machen es ihm oder ihr leichter, den Einstieg zu finden oder zurückzufragen.

Die Spechttaktik

Bei Arbeitskollegen, Pendler-Bekannten, Sportvereinsmitgliedern – kurzum allen Menschen, die Sie immer wieder treffen – wenden Sie die Spechttaktik an. Immer wieder mit kleinen Annäherungen »klopfen«. Ein Lächeln, ein herzlicher Gruß, eine Frage, ein Kompliment. Irgendwann, wenn eine vertraute Basis da ist, heißt es tiefer zu gehen. Vor einem Urlaub nach der Adresse fragen, um eine Karte schicken zu können, die zweite gewonnene Freikarte für ein Event anbieten, nachher noch miteinander etwas trinken gehen, ... Mutig immer weitermachen!

Die meisten Menschen werden irgendwann zurückhaltend, weil sie eine Ablehnung fürchten. Die Gruppe »Ganz schön Feist« singt in ihrem wunderbaren Song »Die Wüste« von so einem heimlichen Verehrer: »Doch um wie vieles süßer ist die Sehnsucht, die da brennt, ich brauche keine Antwort, die uns voneinander trennt.« Riskieren Sie einen Korb, sonst verschwenden Sie Zeit. Entweder haben Sie Klarheit und können Ihre Bemühungen auf fruchtbarerem Boden fortsetzen oder Sie erreichen Ihr Ziel.

Ermutigung

Noch einige Infos, dann kann es losgehen:

♥ Es ist o.k., wenn er oder sie merkt, dass es »Absicht« ist. Aufmerksamkeit zu verschenken ist ein Geschenk!

♥ Positive Botschaften kommen besser an als Kritik und Schwarzseherei. Trotzdem: Wenn es sich anbietet sich zu empören oder wenn Ihnen nichts anderes einfällt: Brechen Sie die Regel!

♥ Die Unfreundlichen sortieren sich selbst aus. Wunderbar, so verlieren Sie keine Zeit mit den Falschen. Mit jeder Absage sind Sie einen Schritt näher bei der Zusage! Vielleicht riskieren Sie einen weiteren Versuch.

♥ Blamieren Sie sich ruhig! Kein Mensch kennt Sie und es gibt unendlich viele neue Gelegenheiten.

♥ Übung macht den Meister.

♥ Es gibt immer tausend Gründe, es doch nicht zu tun. Sobald Sie beginnen nachzudenken, laufen Sie Gefahr, sich einzureden, dass Sie ihn oder sie nicht ansprechen sollten. Springen Sie ins kalte Wasser! Was wollen Sie erreichen? Zielperson finden! Machen Sie sich ein Zauberritual: »Einatmen, ausatmen, los!«

Margot Werner singt in dem alten Schlager »So ein Mann, so ein Mann« davon, wie sie neben ihm absichtlich in Ohnmacht fällt oder ihm ins Auto fährt. Lesen Sie doch mal den Text, vielleicht können Sie noch was lernen.

Pick-up-Artists

Wenn Sie mehr wissen wollen: Serienverführer, Männerflüsterer, Pick-up-Artists – sie sind spezialisiert darauf, mit einer Mischung aus Wissen und Praxistraining den Ansprecherfolg zu erhöhen. Ein kreativer, einzigartiger Spruch, der verunsichert oder neugierig macht, dazu ein strahlendes Lächeln und pure Selbstsicherheit – für manche Frauen umwerfend attraktiv. Ein Mann wird verführt von einer Sexbombe, die auf unsicher macht, und die Businessfrau angelt sich eine gute Partie, indem sie mit Gelassenheit punktet. Grundlage dieser Ratgeber und Schulungen ist meist eine eingelernte Masche, NLP-Techniken, Frageketten und gezielte Körpersprache. Und die Übung!

Wer Frauen und Männer ansprechen möchte, die für viele attraktiv sind und die sich selbst dessen bewusst sind, wer vorwiegend auf Sex aus ist, der oder die sollte von denen lernen, die darin geübt sind. (Das sind meist nicht die Freunde oder die Familie.) Diese Spezies ist üblicherweise trainiert darin, angebaggert zu werden bzw. zu flirten. Mit »normalen« Vorgehensweisen könnten Sie langweilig wirken – oder trotzdem landen, denn vielleicht ist gerade Ihr Typ gefragt! Die einen mögen Ehrlichkeit, andere das Spiel der Verführung. Da Gleich und Gleich sich gern gesellt, fallen die Falschen von selbst raus. Die einen wollen Sex und Abenteuer, die anderen Beziehung. Wenn Sie der gelangweilten und sexhungrigen Schönheit mit tiefsinnigen Worten und Ehrlichkeit kommen, dann ernten Sie maximal Spott. Sie will unterhalten werden mit einem Spiel aus Nähe und Distanz, mit erotischem Prickeln und coolem Auftreten. Lernen Sie dazu, um mit neuen Möglichkeiten spielen zu können, und vor allem, um sich selbst zu glauben, dass Sie gut vorbereitet sind und wert, einen Treffer zu landen! Das gilt für Männer genauso wie für Frauen. Grundsätzlich gelten dieselben Vorgehensweisen, die ich bei den fünf Schritten vorhin beschrieben habe. Es gibt noch zahlreiche andere Varianten auf dem Markt, sowohl in Buchform als auch als Live-Training.

Bitte bedenken Sie, dass Sie selbst das Ziel sein könnten. Nicht jede möchte die 836. Frau eines Serienverführers sein und nicht jeder bei einer Heiratsschwindlerin landen. Es funktioniert trotzdem immer wieder. Vielleicht fragen Sie sich einfach, ob der Einstieg in die erste Begegnung auch bei jeder beliebigen anderen Person funktioniert hätte. So erkennen Sie zumindest die »Anfänger«. Profis sind individueller. Gerade weil sie auf eine hohe Anzahl von Erfahrungen zurückgreifen können, sind sie flexibler, das Einzigartige in genau dieser Situation zu entdecken. Übung eben! Selbst Unsicherheit lässt sich mit einbauen und etwas Tollpatschigkeit, um dem üblichen Ablauf etwas Spontanes zu geben. Machen Sie sich klar, mit welchem Verhalten jemand Ihr Herz erobert. Manchmal warnt uns die innere Stimme, aber manchmal passieren die Lerneffekte erst im Nachhinein. Ganz menschlich.

Der erste Eindruck online

Das eigene Profil

Haben Sie sich schon einmal auf einer Partnerbörse angemeldet und mehrere hundert Partnervorschläge bekommen? Bei dieser Auswahl muss man aussortieren. Und wonach entscheidet man sich, in weniger als einer Sekunde, bis der Finger auf »weiter« geklickt hat? Wenn irgendetwas stört am Text, am Profil, wenn mir etwas unangenehm ist, dann klickt es.

Um nicht übergangen zu werden, ist es genau so wichtig wie in der Werbung für Aufmerksamkeit zu sorgen, gute Gefühle zu erregen und in diesem kurzen Selektionsprozess alles potenziell Negative vom Betrachtenden fernzuhalten.

Aufmerksamkeit erregen

Das Erste, was ein Besucher von Ihnen sieht, ist im Allgemeinen der Nickname. Das ist die erste Gelegenheit für Werbung in eigener Sache. Statt Susi72 und Harald0815 fällt sofort auf: lieber_Poet, Bergsteigerin, Es_ist_was_es_ist, Motorradlady etc. Dieser Name wird oft direkt bei der Anmeldung angelegt und ist später nicht mehr änderbar, außer Sie legen ein neues Profil an. Übrigens bekommt ein Name wie Alexander mehr Klicks als ein Modename wie Kevin – bei denselben Profilinhalten ...

Häufig gibt es ein Feld mit freiem Text, das Sie kurz beschreibt und das fast alle zuerst lesen. Nutzen Sie es und schreiben Sie etwas, das lockt und vorsortiert. Helga bekommt reihenweise Anfragen, deshalb schreibt sie pragmatisch: »Ich beantworte nur persönliche Nachrichten von sportlichen Herren.« Der etwas unscheinbare Herbert rückt seine Stärken in den Vordergrund: »Ich bin ein guter Zuhörer und suche eine Frau für hoffentlich viele glückliche Jahre!«

Lebendigkeit

Für alle übrigen Felder mit freiem Text (ich weiß, manche scheuen die Mühe, sich etwas auszudenken, aber es lohnt sich!) gilt: Nennen Sie Details, die Sie lebendig werden lassen und Anknüpfungspunkte bieten. Gerhard nennt unter

Freizeitgestaltung »Lesen, Kino, Ausgehen«. Herbert dagegen schreibt: »Lesen, manchmal Kino (SciFi, Horror, Psycho-Thriller, David Lynch, S. Kubrick usw.), Musik (Blues Rock à la Late Sixties + Early Seventies), Ausgehen und Freunde treffen.« Worunter können Sie sich mehr vorstellen?

Noch ein Beispiel von Klaus:

Vorher: »Ich bin eigentlich immer sehr geordnet und fleißig. Ich weiß, wie ich mir mein Leben und meine Arbeit einplanen muss. Ich bin eine ruhige Person, die lieber im Hintergrund steht, als sich in Konflikte einzumischen.« Korrekt, aber sehr sachlich ...

Nachher: »Ich bin ein zuverlässiger, friedlicher Mann mit hohen Werten und langfristigem Horizont. Ich sehne mich danach, mit einer Frau in Liebe verbunden zu sein und sie mit kleinen Aufmerksamkeiten, mit Zärtlichkeit und mit herzlichen SMS zu verwöhnen. Mit mir kann man auch stundenlang über Gott und die Welt reden – oder einfach schweigen und den Augenblick genießen!«

Die Schokoladenseiten zeigen

Wir alle möchten uns in einen Menschen verlieben, den wir auf irgendeine Art bewundern können. Wir möchten stolz sein auf diese Person, auf das, was sie ist! Liebe macht, dass aus den Stärken strahlende Aspekte werden und aus den Schattenseiten akzeptable Eigenschaften. Deshalb bitte keine Selbstbeschuldigung, keine Negativität im eigenen Profil! Zuerst sollen Sie sich gegenseitig kennenlernen. Erst wenn aus dem Profil ein Mensch geworden ist, dann ist Platz für die ganze Menschlichkeit. Es tut weh, wenn man dann aussortiert wird, wenn sich bereits erste Verbindungen gebildet haben. Doch es kann sein, dass diese zarten Brücken schon stark genug sind, das zu nehmen, was zu Ihrem Gesamtpaket dazugehört.

Nach meiner Erfahrung wirken Eigenschaften, mit denen wir selbst im Frieden sind, auf magische Weise neutraler als die, für die wir uns schämen. Wenn ich zu meinem Schnarchen, meiner Pollenallergie, meiner Schüchternheit stehe, dann komme ich nicht auf die Idee, das zu erwähnen, oder ich behandle das Thema als sachliche Information irgendwo zwischendurch. Die wunden Punkte dagegen, die leuchten aus den Profilen heraus, wie der Rotstift aus dem Schulaufsatz. Oder geht das nur mir so?

Persönlich unangenehme Themen haben im Profil nichts zu suchen, außer sie sind bereits auf dem Weg, zu einer Stärke zu werden (siehe dazu Sich der der eigenen Stärken bewusst sein S. 48).

Die Sache mit der Wahrheit

Kann eine Beziehung gelingen, die mit einer Lüge beginnt? Ich bin gegen Lügen und meine: Wer es sich leisten kann, sollte auf Lügen verzichten! Wer sonst kaum Chancen hat, der oder die darf ein wenig schummeln, finde ich.

Michael hat sich mit einer Frau aus dem Internet getroffen. Er ist 53, sie 50 Jahre alt. Beide verstehen sich gut, führen interessante Gespräche, gegenseitige Sympathie ist vorhanden. Nach einigen Stunden harmonischen Miteinanders gesteht sie ihr wahres Alter: 75! Michael ist entsetzt. So eine alte Frau! Als er mir von dem Erlebnis erzählt, ist er immer noch verwundert und irritiert. Die beiden haben sich nicht wieder getroffen. Was ist passiert? Eine Zahl hat einen immensen Stellenwert mitgebracht. Hätte sie es ihm besser verschweigen sollen? Ihn im Unklaren lassen? Erst nach dem ersten Sex beichten? Mit der Wahrheit wäre es nie zu dieser Begegnung gekommen. Wäre das besser gewesen?

Die Alterszahl hat eine unglaubliche Macht bei vielen. Und die erste Stelle ganz besonders. Es ist wie bei den Preisen im Supermarkt. 49 geht noch, aber in den 50ern? 69 geht noch, aber 70? Vorausschauende Menschen habe ich auch schon argumentieren gehört: »Aber in zwei Jahren ist sie dann ...«

Was bei den einen das Alter, ist bei den anderen (vor allem Frauen) das Bildungsniveau. Da bekommt der eloquente Handwerker mit Kunstverständnis einfach keine Chance, denn Studium ist das Minimum.

Wir alle wollen geliebt werden, so wie wir sind, doch wenn Fakten das verhindern, worum es eigentlich geht, dann bin auch ich für kleine »Anpassungen«. Lisa Fischbach hat Singles beim Ausfüllen ihrer Profile beobachtet. Männer kreuzen »athletisch« an, obwohl sie einen deutlich sichtbaren Bauch haben, Frauen kreuzen »ein paar Pfund zu viel«an, obwohl das niemand außer ihnen selbst feststellt. So viel zur Wahrheit, die doch manchmal sehr relativ ist ...

Klarmachen, was Sie wollen

Wagen Sie zu schreiben, was Sie sich wünschen! Damit ziehen Sie die Menschen an, die zu Ihnen passen.

»Gemeinsam das Leben genießen« – das ist zwar eine gute Grundlage, der Nachteil ist: Das könnte in jedem Profil stehen. Erst die Details machen Ihren Text lebendig. Sie ziehen die Menschen an, die das wollen, was Sie erwähnen. Deshalb ist es sinnvoll, die eigene Liebessprache und die eigenen Lieblingssinne einzubeziehen. Schreiben Sie konkret, hier folgen einige Beispiele:

Ist »Nicht alleine sein« Ihr Wunsch? Wobei? Beim Reisen, im Alltag, beim Sex? Daher: »Gemeinsam den Blick aufs Mittelmeer genießen«, »Jeden Morgen einen Grund zum Lächeln haben und mit kleinen Aufmerksamkeiten den Tag verschönern«, »Dich zuerst mit Blicken ausziehen, gaaanz langsam und dann verführen, egal wo«. Möchten Sie eine Familie gründen? Was wird Sie erfreuen? Also: »Gemeinsam im Garten arbeiten, vom Lachen unserer Kinder begleitet.«, »Am großen Familientisch Lasagne essen.«, »Sonntagmorgens mit unseren drei Kindern unter eine Decke passen.« Den Lebensabend gemeinsam genießen? Dann: »Einander Halt, Unterstützung und Freude geben.«, »Bei einem guten Glas Wein über unsere Jugendsünden lachen.«, »Jeden Morgen den Hundespaziergang zu einer Flitterstunde machen.«

Die Gefahr bei genauen Angaben ist, dass Sie weniger Zuschriften bekommen. Der Vorteil ist, dass die Verbliebenen besser zu Ihren Wünschen passen.

Bei sehr direkten Wünschen (Heinz hat unter Hobby »Vögeln« geschrieben) sollten Sie überlegen, was das Gegenüber davon hat und daran schätzt. Sehr niveauvoll und kreativ hat Jan dagegen seinen Wunsch nach Sex eingestreut. Wie er gerne den Tag verbringen würde, war die Überschrift und er schrieb unter anderem »Bad für eine Frau vorbereiten und Frühstück für eine Frau machen (nachher oder vorher).« Gerald mag schöne Füße und sucht eine Frau mit Bildung, die gerne auch schüchtern sein kann. »Ich bin ein Mann mit Herz und Hirn. Ich kenne mich gut aus in europäischer Geschichte und Kultur. Für entspannte Stunden sorge ich, weil ich gut koche und dir vor meinem Kamin auch gerne deine schönen Füße massiere. Ich bin geduldig und zuverlässig und freue mich auch über eine sympathische Freizeitpartnerin.« Barbara ist 60, Ärztin und Hobbymalerin. Sie will unbedingt einen Mann mit Allgemeinbildung, Kunstverstand und Niveau. Ihr Text lautet: »Am Wochenende gemeinsam die Magritte-Ausstellung im Kunsthaus erkunden und uns von der Wirklichkeit-Traum-Mischung inspirieren lassen, uns vom Baedeker durch griechische Tempel führen lassen und bei der Tannhäuser-Premiere darfst du mich im figurbetonten Etuikleid in unsere Loge geleiten!« Lassen Sie einen Film im Kopf des Gegenübers entstehen!

Und dann gibt es noch die Sorte Menschen, die von aalglatten Profilen abgeschreckt sind oder die ganz einfach zu viele Zuschriften bekommen. Lisa hat mutig formuliert: »... Ich bin neugierig, aufgeschlossen, fürsorglich, unberechenbar, abenteuerlustig, ungeduldig, temperamentvoll, anschmiegsam, chaotisch, naturliebend, sinnlich, anspruchsvoll, hilfsbereit, vielseitig interessiert, anstrengend und unternehmungslustig – immer noch interessiert? :-)«

Und jetzt nicht abschreiben! Was ist Ihr Wunsch und wie könnte der aussehen, sich anfühlen, schmecken, riechen oder anhören? Geht es um gemeinsame Zeit, um Geschenke, Lob und Anerkennung, Zärtlichkeit oder Hilfe? Die Mühe lohnt sich!

Fotos

Das eigene Foto für eine Singlebörse muss gut sein! Die Konkurrenz ist stark vertreten und die Besucher klicken unerbittlich weiter. Das muss noch nicht einmal an der Person selbst liegen. Die häufigsten Störfaktoren sind der abgeschnittene Ex am Foto, was abstoßend wirkt, Omas Möbel im Hintergrund, die Sie alt wirken lassen, oder eine ungünstige Perspektive von oben oder unten.

Extrem wichtig: Die Gefühle, die Sie im Augenblick der Aufnahme senden! Nicht umsonst verwenden so viele Menschen »halbe« Pärchenbilder von der Ex-Beziehung, weil sie in solchen Momenten glücklich ausgesehen haben. Wenn also jemand scheu in die Kamera blickt, aus Angst vor dem Fotografiertwerden, dann wird der Betrachter oder die Betrachterin bei diesem Foto die Zurückhaltung bemerken und diesen Menschen vielleicht völlig falsch einschätzen.

Da die meisten Menschen eine gewisse Kamerascheu haben, ist es hilfreich, eine Fotosession über mehrere Stunden zu planen. Nach einer gewissen Zeit gewöhnen Sie sich sich daran, fotografiert zu werden und das wirkt natürlicher. Ein Glas Sekt (nicht mehr!) trägt ebenfalls zur Lockerung bei, genauso wie ein Umfeld, in dem man sich wohl fühlt. Wenn ein geliebter Mensch noch zusätzlich hinter der Kamera winkt und blödelt, dann bin ich sicher, dass ein gelungenes Bild entsteht.

Die einfachste Möglichkeit ist, sich mit einer Freundin zu verabreden, die auch Fotos braucht. Sie drücken wechselseitig ab und kommen sicher an einem Nachmittag zu vielen guten Bildern. Wegen der gleichmäßigeren Beleuchtung ist ein Tag mit Wolken besser geeignet als strahlende Sonne, die jede Hautunreinheit hervortreten lässt. Ganz wichtig: Zwischendurch immer wieder die Kleidung wechseln oder mindestens eine Jacke an- oder ausziehen. Dann lassen sich die Fotos vielfältiger verwenden und sehen wie natürliche Schnappschüsse bei verschiedenen Gelegenheiten aus.

Teurer, aber sicher eine gute Möglichkeit ist es, zu einem Fotografen zu gehen. Nur sollte man einem Privatfoto die Profiqualität nicht vordergründig anmerken. Ein Studiobild wirkt oft steif und künstlich. Idealerweise lässt man sich dort fotografieren, wo ein Mann oder eine Frau Ihnen gerne begegnen würde: auf einer Parkbank, in einer Hotel-Lobby, im Café. Die Regel, dass man nach einer Stunde lockerer wird, trifft auch hier zu.

Absolut lohnenswert ist, sich vorher in die Hände einer guten Visagistin zu begeben. Ein wenig Aufhellung hier, ein wenig Schatten dort, eine gekonnte Kontur und die passenden Farben – nicht umsonst gehört diese Berufsgruppe bei jedem professionellen Fotoshooting mit Models und Schauspielern dazu. Meist sehen »ganz normale« Menschen, wenn sie professionell geschminkt sind, plötzlich aus wie Stars. Der Selbstwert steigt ganz nebenbei beträchtlich und ist die Ausgabe sicher wert!

Eine weitere Möglichkeit, sich titelseitentauglich zu machen, ist die Foto-Retusche am Computer. Kleine Änderungen wie den Teint »nachpudern«, die Figur einen Hauch schmaler ziehen, den Lippenstift nachfärben sind in den Medien heutzutage Standard. Doch Vorsicht mit der Perfektion: Wenn man sich selbst kaum noch wiedererkennt, dann wird beim Date wenig Freude mit der Realität aufkommen. Nicht übertreiben, und im Zweifel zusätzlich ein »normales« Foto ins eigene Profil hochladen. Das sorgt für eine natürliche Mischung und einen gewissen Glamour-Faktor.

Wichtig: Möglichst aktuelle Fotos verwenden! Ihr Lieblingsfoto, als die Haare noch lang oder kurz waren vor acht Jahren, das darf maximal in der Mischung dabei sein.

Heike hat einen Mann gedatet und zuerst nicht erkannt. Sein Foto? Ja, das sei von seinem Bruder. Da sich beide so ähnlich sähen und er sich mit dem Computer auch nicht so gut auskennt, habe er einfach das genommen. Das ist wirklich passiert und zur Nachahmung weniger empfohlen ...

Und der Supertrick? Fotos mit der Farbe Rot werden von Männern deutlich häufiger angeklickt!

Das perfekte erste Anschreiben

In Kurzfassung lauten die Grundregeln für eine ideale erste Nachricht (nach Wichtigkeit sortiert):

♥ **Bezug:** Der Text bezieht sich in irgendeiner Weise auf das, was das Gegenüber im Profil von sich erzählt (ggf. erwähnen, weil vielleicht hat er oder sie das vor einem Jahr verfasst und schon längst wieder vergessen). Dieser Bezug macht deutlich, dass es sich nicht um das Massenmail eines Verzweifelten handelt und das Gegenüber fühlt sich persönlich angesprochen.

♥ **Kompliment:** Beinhaltet eine individuelle Wertschätzung, warum die angeschriebene Person mich fasziniert, interessiert. Doch Vorsicht: Eine Model-Schönheit kann es nicht mehr hören, dass sie schön ist; hier vielleicht eher ihre vielseitigen Hobbys oder etwas Ungewöhnliches wie den Schwung ihres Kinns, das stylische Kleid etc. erwähnen.

♥ **Stil:** Finden Sie passend zum Gegenüber die geeignete Gratwanderung zwischen »Du bist etwas ganz Besonderes« und einem coolen, frechen »Ich habe dich wahrgenommen«.

♥ **Neugier:** Machen Sie neugierig auf sich und heben Sie sich vom Mitbewerb ab.

♥ **Einfache Antwortoption:** Vereinfacht der angeschriebenen Person die Antwort.

♥ **Lebendigkeit:** Streuen Sie Ihr Umfeld, Ihren Alltag ein, das lässt Sie echt wirken.

Nett, langweilig und leider sehr verbreitet sind folgende Original-Anschreiben:

Hallo Nadine75, dein Foto und dein Profil wirken so nett, dass ich dir einfach schreiben muss. Vielleicht hast du ja Lust, dass wir uns näher kennenlernen. Ich würde mich freuen! Liebe Grüße, Roland

Hallo liebe Susi. Was in deinem Profil steht, finde ich sehr interessant. Du bist eine große, attraktive Frau und ich würde mich freuen, dich kennenzulernen. Schreibe mir doch, lg Gerhard

Hallo, ich heiße Jürgen, komme aus ..., bin 37 Jahre alt und es würde mich sehr freuen, dich einmal kennenzulernen, also wenn du möchtest, dann schreib mir bitte zurück.

Wenn ich nie eine Nachricht bekomme, dann freue ich mich natürlich über jedes Anschreiben. Wenn mein Profil jedoch eine gewisse Anziehungskraft ausstrahlt, dann klicke ich diese Botschaften gelangweilt weg.

Hier sind einige Beispiele, wie sich die erste Nachricht verbessern lässt, je nachdem was das Profil hergibt:

Hallo Nadine75! So ein nettes Foto von dir vor dem Eifelturm! Hat es dir gefallen in Paris? Du siehst jedenfalls ganz glücklich aus. Vielleicht hast du ja Lust, dass wir uns näher kennenlernen. Ich würde mich sehr darüber freuen! Liebe Grüße, Roland

Hallo Nadine75! Dein Foto und dein Profil wirken so nett, dass ich dir einfach schreiben muss. Ich tanze nämlich auch gerne, und bei gemeinsamen Reisen hätten wir sicher eine schöne Zeit. Hast du schon einen Sommerurlaub geplant? Bei mir wird es vielleicht einfach Meer irgendwo. Ich freue mich, dich näher kennenzulernen! Besonders liebe Grüße!!! Roland

Aus Anschreiben soll ein Strahlen wahrnehmbar sein, ein Gefühl von »Die Sonne geht auf«, »Da ist er oder sie endlich!«. Wenn das Gegenüber wirklich ein Top-Kandidat oder eine Top-Kandidatin ist, dann lohnt es sich, sich wirklich Mühe zu geben. Wenn nur ein »Lächeln« oder »Herzgruß« kommt: Vielleicht einfach beantworten! Das war nur der nachvollziehbare Test, ob das Gegenüber reagiert.

Und wie lang soll das Ganze sein? Üblich sind einige Sätze, doch kann man sich auch abheben mit einem kleinen Roman, wie ihn Peter auf einer A4-Seite über sich geschrieben und jeweils angepasst hat, oder mit einem Wort, wie von Sonja, die nachts nach einer Abfuhr völlig genervt vor ihrer Partnerbörse-Homepage saß und einem netten Mann »Wow!« geschrieben hat. Daraus entwickelte sich in beiden Fällen ein Nachrichtenaustausch – und eine Beziehung. Also frisch drauf los und für Gelegenheiten sorgen.

Wir müssen beim Anschreiben unterscheiden, ob ein Mann oder eine Frau schreibt. Von einem Mann wird erwartet, dass er den ersten Schritt macht, und das mit einem besonderen Einstieg. Es gibt viele Frauen, die ohne Einladung überhaupt nichts tun. Aktive Frauen können sich selbstverständlich genauso verhalten wie Männer und meine Empfehlungen für einen Text anwenden. Oder sie nutzen das Pendant zu einem Lächeln in der Bar, das online so aussieht: eine Fotofreigabe schicken, mit einem kleinen persönlichen und passenden Kommentar.

Ich selbst gestalte Anschreiben von Männern an Frauen deutlich aufwändiger und erfülle oft die Checkliste. Bei einer Frau reicht oft die Fotofreigabe (von guten Fotos!) mit einem kleinen profilbezogenen Kommentar (»Cooles Auto«, »Soll ich dir beim nächsten Tennismatch die Daumen drücken?«, »Endlich ein Mann, der sich für Opern interessiert!«, »Steueranwalt – klingt langweilig, oder?«).

Keine Fotos sichtbar zu machen bedeutet: sich mit einem Geheimnis zu umgeben. Das ist sinnvoll bei Menschen, die befürchten, nur wegen ihres Aussehens ein Date zu bekommen. Eine weitaus größere Gruppe sind die, die ihre eigene Attraktivität bezweifeln. Ich finde, ein glücklicher Mensch sieht immer gut aus. So einen Moment sollten Sie als Foto haben! Ein gutes Foto ist essenziell wichtig im Netz! Wenn das Aussehen zu Ihren Schwachstellen gehört, dann wenden Sie einfach dieselben Kriterien an, wie bei allen anderen scheinbaren Nachteilen. Die Werbung macht uns das vor: mit den Glanzseiten locken, Beziehung aufbauen – und wenn die Verliebtheit die rosarote Brille aufsetzt, dann ist die Akzeptanzschwelle größer. Wenn Sie keine Fotos freigeben, um nicht erkannt zu werden, dann formulieren Sie das am besten irgendwo. Ihre Zurückhaltung könnte spürbar sein und falsch interpretiert werden. (Es ist übrigens keine Schande, sondern völlig normal auf Partnersuche zu sein. Außer vielleicht der Ehemann findet das Profil ...)

Wie viel Aufwand Ihnen ein Anschreiben wert ist, das ist Ihre Entscheidung. Zwei Sprüche könnten Sie leiten: »Es gibt keine zweite Chance für den ersten Eindruck.« und »Beim richten Menschen kann man nichts falsch, und beim Falschen nichts richtig machen.

Online-Knigge

Keine Antwort ist auch eine Antwort!

Immer wieder beklagen sich Menschen bei mir, dass ihre mühevoll verfassten Nachrichten nicht beantwortet werden. Sie verkraften es nicht, ignoriert zu werden und würden lieber lesen: »Danke für deine Zeilen. Ich glaube nicht, dass wir zusammenpassen. Trotzdem alles Gute für dich! Liebe Grüße, X.«

Nicht-Reagieren wird als unhöflich und verletzend empfunden, besonders von Menschen, die ihre ersten Schritte im Netz machen. Ein Vergleich: Auf dem Land ist es üblich, dass man grüßt, wenn man einander begegnet. In der Stadt nicht. Der Unterschied entsteht durch Masse und Anonymität. Wir können bei der virtuellen Reizüberflutung nicht auf alles reagieren und legen uns deshalb Filter zu. Zum Selbstschutz und zur Zeitersparnis. Manche klicken jedes sexuelle Angebot so leicht weg wie ein Spam-E-Mail, für andere sind alle Frauen, die kurze Haare haben Luft, vielleicht wirken Sie zu sportlich oder zu unsportlich oder was auch immer. Viele Menschen wählen nach Kriterien, die andere sich kaum vorstellen können.

Deshalb gilt online: Keine Antwort ist auch eine Antwort – und bitte nehmen Sie das nicht persönlich! Vielleicht gibt es vom Gegenüber nur das Profil, aber längst keinen suchenden Single mehr dazu.

Wer dennoch seine Werte wahren möchte, sich höflich verabschiedet oder auf ein besonders nettes Schreiben von der Falschen doch reagiert: Wunderbar! Immerhin sind wir alle Menschen.

Emoticons

Diese seltsamen Zeichenfolgen wie :-D (Laut lachen mit dem offenen D-Mund) oder :-P (Zunge raus strecken, frech sein mit dem P) werden online gerne verwendet. Ihre Botschaft bekommt dadurch ein wenig mehr Gefühl und Leichtigkeit. Sparsam verwenden, denn es gibt Menschen, die mehr als einen Smiley für unseriös halten.

Sehr hilfreich sind diese kleinen Codes, wenn Ironie oder Witz unterstrichen werden soll. Bei einander Unbekannten vermeidet das Missverständnisse.

Beim Einloggen möglichst allen antworten!

In vielen Partnerbörsen kann man seinen momentanen Online-Status verbergen, die anderen Suchenden sehen meistens das Datum, wann jemand zuletzt eingeloggt war. Wenn Sie sich also die Zeit nehmen, eine Nachricht zu lesen, dann antworten Sie bitte auch den anderen. Wenigstens kurz mit »Hallo X, danke für deine Nachricht! Melde mich morgen, weil grad viel los ist! LG, Z«. Sonst ist vielleicht zu schnell klar, wer beim ersten Eindruck zweite Wahl ist.

Oder Sie liefern ein Erklärung wie Karla: »Ich rufe meine Nachrichten oft unterwegs mit dem Handy ab, antworte aber lieber zuhause am Computer. Bitte etwas Geduld!«

Mehrere Kontakte gleichzeitig sind erlaubt!

Jemand, der ernsthaft auf Partnersuche ist und hunderte von Profilen besucht, wird mehrere Antworten bekommen. Das ist in der Anfangsphase eines Kontaktes völlig selbstverständlich. Bitte keine Eifersuchtsdramen, wenn jemand bereits geknüpfte Freundschaften weiter pflegt.

Was auch passiert, ist, dass jemand zwischendurch den Überblick verliert, wer was geschrieben hat und wie der Kommunikationsstand mit wem ist (manche Börsen sind da sehr unübersichtlich). Falls Sie merken, dass Ihr Gegenüber Sie tagelang vergisst: Bitte seien Sie tolerant! Anfangs sind Sie nur ein Klick von vielen und vielleicht sind Sie nicht die Erstbeste. Manchmal entpuppt sich die Letzte als die Beste ... Melden Sie sich einfach noch einmal nach ein bis zwei Wochen mit einer Mini-Botschaft.

Es ist völlig akzeptabel, wenn man nicht jeden Tag im Netz hängt und seine Nachrichten auf Partnerbörsen checkt. Menschen mit einem erfüllten Leben sind nicht Sklaven ihrer E-Mails. Deshalb lassen Sie Ihrem Gegenüber einige Tage Zeit mit der Antwort. Tendenziell ist es natürlich so: Wenn ein Kontakt wirklich interessant ist, dann brennt man darauf, wie es weitergeht, findet vielleicht doch in der Mittagspause Zeit, sich einzuloggen etc. Aber bitte nicht zu viel grübeln und interpretieren, lieber es sich gut gehen lassen und abwarten, wie es weitergeht. »You can't hurry love« singt Phil Collins – also entspannen und den Dingen ihren Lauf lassen.

Tipps für den ersten echten Eindruck

Aussehen und Outfit – Stylingtipps für sie und (!) ihn

Ganz richtig, das Rufzeichen vor »ihn« ist Absicht und soll die Herren dazu auf-
rufen, diesen Abschnitt zu lesen. Gut, wenn Ihnen alles davon bekannt und
selbstverständlich ist, doch ich habe schon so ungepflegte oder ungünstig geklei-
dete Singles bei Dating-Veranstaltungen gesehen, dass diese Worte zum Thema
Aussehen für manche die Erfolgsaussichten drastisch steigern können.

Frauen achten – Männer, haltet euch fest! – häufig auf gepflegte Hände. Männer
achten überwiegend zuerst auf die Figur. Das muss nicht schlank bedeuten. Die
klassische X-Form (Oberweite und Hüftumfang sind größer als der Taillenum-
fang) steht für Weiblichkeit. Dafür genügt es oft, dass das X nach X aussieht,
denn eine Frau steckt auf jeden Fall dahinter.

Haare, die nach Frisur aussehen und nicht nach fettigem Nachwuchs, punkten
bei beiden Geschlechtern. Wahre Kontaktkiller sind Körper- oder Kleidungs-
geruch. Also Mottenkugel-Aroma am Sakko, alter Rauch, Schweiß; Alkohol wird
fast nur von denen geduldet, die selbst danach riechen.

Die ideale Basis ist: sauber! Ein Hauch natürliches Menschenaroma: wunderbar!
Und manche lieben Parfums und Aftershave, andere hassen es. Das ist Geschmackssache. Beachten Sie bei Düften, dass weniger mehr ist. Wenn man
einen Duft regelmäßig verwendet, dann gewöhnt sich die eigene Nase an das
Aroma und reagiert schwächer. Dreimal sprühen kommt einem selbst vor wie
ein Hauch – und das Umfeld bekommt die ganze Wolke ab. Also Vorsicht!

Ganz wichtig bei der Wahl der farblich passenden Kleidung ist das Wissen über
die Farbtypen. Jede Haut hat im Unterton entweder bläuliche oder gelbliche Anteile. Danach richtet sich, welche Farben am besten mit Ihnen harmonieren. Jeder Mensch hat Farben, mit denen er krank aussieht, und welche, die ihn oder
sie zum Strahlen bringen. Professionelle Hilfe kommt von Typ- und Farbberate-
rinnen, die mit Mustertüchlein ausprobieren, was wirklich passt.

Unterschieden werden die vier Jahreszeitentypen Frühling, Sommer, Herbst und
Winter. Zwei davon tendieren in die Blau-Palette, also kühle Farben, die anderen
in die gelbe Richtung mit warmen Tönen. Zwei davon sind kräftige Leuchtfar-
ben, die anderen beiden Pastelltöne. Deshalb bitte nicht kaufen, was die Mode
vorgibt, sondern innerhalb der Modeauswahl zu den Stücken greifen, die zum eigenen Typ passen. Viele Menschen sehen deshalb so besonders gut aus, weil sie

ihre Farben kennen und die Schnitte tragen, die zu ihrer Figur passen, etwa einen Ausschnitt, der zur eigenen Kopfform passt, Muster, die die Blicke auf die Butterseite lenken usw.

Dieses Know-how gilt auch für Männer und macht aus so manchem unscheinbaren Helden einen Typen mit Pep und Stil.

Wo verabreden?

Das passende (gesellschaftliche) Umfeld ist deshalb sinnvoll, um füreinander Aufmerksamkeit zu haben. Es irritiert, wenn jemand nicht weiß, welches der vier Bestecksets er zuerst benutzen soll, oder im anderen Fall Sorge hat, die Hose beim Picknick am See zu beschmutzen. Die modebewusste High-Heels-Trägerin wird dankbar sein, wenn die Wege möglichst kurz sind, und der Hundefan freut sich, wenn er seinen Wuffi mitnehmen kann.

♥ Wo auch immer Sie sich verabreden: Wenn Ihnen beiden das chice Restaurant oder die Outdoor-Version gefällt, dann kann gerade das der perfekte romantische Ort sein!

Die Freiheit, zu bleiben oder gehen zu können, trägt erheblich zum Wohlbefinden bei. Da es doch immer wieder überraschend sein kann, jemandem im echten Leben zu begegnen, ist ein kurzes Treffen an einem öffentlichen Ort empfehlenswert. Ein Café ist ideal, denn einem Langeweiler eine Tasse lang die Chance zu geben aufzutauen ist leichter, als vier Gänge zu überstehen. Und wenn das Gegenüber sympathisch ist, dann lässt sich sicher eine Gelegenheit finden, um das Zusammensein zu verlängern. Wenn Sie merken, das wird nichts, dann rate ich dazu, zeitnah die Konsequenzen zu ziehen. Höflichkeit ist schön, aber gerade Frauen neigen dazu, auch noch den nächsten Drink anzunehmen und nett zu plaudern, obwohl ihre Entscheidung längst klar ist.

Hilfe für Männer wie für Frauen: zwischendurch kurz wohin gehen und mit sich und seinen Gefühlen alleine sein. Auf die innere Stimme lauschen, was jetzt am besten wäre, und die Vernunft zu Rate ziehen. Bei manchen Menschen rät der Instinkt immer zum nächsten Stundenhotel oder zur Flucht, bei manchen rät die Vernunft, immer höflich bis zur Selbstaufgabe zu sein. In allen chronischen Fällen ist es wichtig, die eigenen Verhaltensmuster zu erkennen und durch bewusst gegenteiliges Verhalten »aufzuweichen«. Oft dient ein Date nicht dazu, den Mann oder die Frau fürs Leben zu finden, sondern um die eigene Entwicklung zu fördern. Zu sich zu stehen, einmal etwas anderes zu wagen, das ist bei fast Fremden leichter, als die »Richtige« gefunden zu haben und mit ihr dann in den nächsten zehn Jahren die Selbstbefreiung zu trainieren. Seien Sie dankbar für jede Gelegenheit, die Ihnen ein Training in der hohen Kunst der angemessenen Entscheidungen bietet. Jede Begegnung hat ihr Geschenk. Das zu erkennen und dafür dankbar zu sein, das ist für mich Lebenskunst.

Die individuell **geeignete Mischung von Privatsphäre und Anregung** von außen gilt es ebenfalls zu bedenken. Zwei sehr zurückhaltende Naturen, die sich bisher nur per E-Mail unterhalten haben, könnten bei einer Tasse Kaffee in unangenehmem Schweigen enden. Der Anspruch, etwas Kluges sagen zu müssen, sich ideal zu präsentieren, macht oft so einen inneren Druck, dass das Gehirn scheinbar aufhört zu arbeiten. Leichter ist da der Besuch eines Tierparks oder, wenn beide gerne tanzen, ein Tanzabend, eine Ausstellung, ein Marktbummel. Andererseits sehen die meisten Menschen ein Date als Privatangelegenheit und legen wenig Wert darauf, von einer Arbeitskollegin oder einem Nachbarn gesehen zu werden. Im ländlichen Raum erfordert diese Mischung aus öffentlich und anonym oft einiges an Kreativität, die Stadt hat hier deutlich mehr Schlupflöcher zu bieten.

Sicherheit

Was hier auch gesagt sein will: Manche Frauen fürchten sich sehr, den Unbekannten aus dem Netz zu treffen. Was man schon alles gehört hat über verrückte und gefährliche Menschen ... Ich kann Sie beruhigen: Die weitaus meisten Vergewaltigungen finden im Familienkreis statt und Medien sind dafür geschaffen, die wildesten Geschichten zu verbreiten, weil das die Auflage steigert. Das echte Leben ist meist viel friedlicher und normaler. Dennoch ist eine Portion gesunder Menschenverstand immer hilfreich und auch Männer sollten wissen, dass sich ihr Gegenüber meist wohler fühlt, wenn das erste Treffen an einem Ort mit Öffentlichkeit stattfindet.

Nicht erkannt

Ich höre immer wieder, dass die gesuchte Person nicht erkannt wird, weil sie alte Bilder im Netz verwendet hat. Oder dass es sich jemand beim ersten echten Blick aus der Ferne anders überlegt und wieder umdreht. Beides ist unangenehm, für beide Seiten. Auch wenn ich persönlich die direkte Aussprache bevorzuge, kann ich verstehen, dass jemand den bequemeren Weg geht und das Weite sucht. Gerade erfahrene Dater und Daterinnen sortieren schnell aus. Zu viele Stunden haben sie bereits für die Partnersuche verwendet und dass die nächste halbe Stunde sie ihrem Ziel nicht näher bringen wird, das scheint ihnen klar. Es gibt einfach verschiedene Menschentypen: solche, die immer noch eine Chance geben, und solche, die schnell entscheiden. Was der richtige Weg für Sie ist und ob es an der Zeit ist, einmal eine Alternative zu einem eingefahrenes Verhalten auszuprobieren, das bleibt Ihnen überlassen.

Orte zum Verabreden

Diese Orte eignen sich fürs erste, vielleicht aber auch erst fürs zweite oder dritte Date:

- ♥ Klassiker: Café, Spaziergang, Ausflugsrestaurant, je nach Jahreszeit Eisdiele oder Punschstand
- ♥ Romantik: gemeinsam kochen, Picknick, Kino, Sternspaziergang, Bootsfahrt, Wellnessbad
- ♥ Aktiv: Hochseilklettergarten, Tanzstunden, Bungee-Jumping, Beachvolleyball, Quad-Fahren, Segway-Tour, Schlitten- oder Skifahren, Radtour, Wanderung, Spaziergang, Geocaching
- ♥ Unterhaltung: Zirkus, Casino, Dinner in the dark, Zoo, Nachtleben, Märkte, Ausstellung, Besichtigung, Aussichtspunkte (Internetsuche: »Ausflug, Region«)
- ♥ Witzig: Straßenbahn, U-Bahn, Bus, Imbissstand, ein Paternoster

Praktische Tipps fürs erste Date

Wer zahlt?

Im Zweifel wird vom Mann erwartet, dass ihm die Dame an seiner Seite diese Einladung wert ist. Altmodisch, aber Ehrensache. Getrennte Rechnung für zwei Espressi? Das riecht nach Geiz und ist für manche Damen Anlass, kommentarlos abzutreten. Es gibt auch die Sorte Frauen, die ihre Eigenständigkeit hat und ihm nichts schuldig bleiben will. Sich einladen zu lassen, kann auch ein Zeichen sein, das Spiel von Geben und Nehmen zu beginnen. Und es gibt die, die grundsätzlich am Samstagabend ohne Geld das Haus verlassen und sich ihre Gegenwart bezahlen lassen.

Am besten, Sie erkundigen sich unter Freunden nach den üblichen Vorgehensweisen in Ihrer Region, Altersgruppe und gesellschaftlichem Umfeld. Und liebe Damen: Nett, wenn Sie eine Bar wählen, wo nicht schon das Atmen kostenpflichtig ist, und das Kino später, das geht dann auf Sie, o.k.?

Gesprächslücken und -themen

Worüber reden? Das ist für manche die leichteste Aufgabe der Welt, andere fürchten chronisch die Lücke im Gesprächsfluss. Gute Nachricht vorab: Haben Sie schon einmal erlebt, dass Sie bei Ihrem Computer in mehreren Programmen gearbeitet haben und irgendwann die Leistung am Ende war? So dass sich nicht einmal mehr die Maus bewegt hat? Klarer Fall von Überforderung!

Wenn wir einen Menschen kennenlernen, dann »scannen« unsere inneren Systeme diesen Anderen so weit wie möglich. Wenn viel möglich ist, weil beide Seiten ihre Schutzwälle geöffnet halten, wenn Ihr Unterbewusstsein auf viele »Treffer« stößt, dann kann es passieren, dass Ihnen schlicht und einfach die Worte fehlen. System überlastet, Sprachausgabe gesperrt oder verzögert! Ein gutes Zeichen. Nur keine Panik! Genießen Sie es. Ihr entspanntes Lächeln wird Sie noch attraktiver machen und vielleicht geht es dem Gegenüber sogar ähnlich ... Ich rate hier immer zur Ehrlichkeit, nach dem Motto »Normalerweise bin ich redseliger, aber du verschlägst mir irgendwie magisch die Sprache.«

Für die Schweigsamen reicht oft schon eine Erwartungshaltung von sich selbst oder dem Gegenüber, um Stress und somit einen Aktionsstau im Hirn auszulösen. Überlegen Sie sich vorher schon drei Themengebiete, die Ihnen passend erscheinen. Eines könnten die Liebessprachen sein (S. 51), die anderen ergeben sich aus gemeinsamen Interessen oder daraus, was Sie an der anderen Person interessiert.

Was ebenfalls beruhigt, ist die Notfallversion bei stockendem Gespräch: »Ich bin so neugierig auf dich, dass mir gerade gar keine Frage mehr einfällt. Gibt es etwas, was du von mir wissen möchtest?« oder »Ich dachte, wir könnten uns so viel erzählen, aber momentan ist mein Kopf wie leer. Jetzt mache ich mir Sorgen, dass ich dich langweile.« Aussprechen, was ist, entschärft viele Situationen.

Wenn schon die dritte Pause entstanden ist und seit gefühlten 10 Minuten an-
dauert, dann hilft ein Ortswechsel: »Wie wäre es mit einem Spaziergang?« Und
ganz ehrlich: Manchmal passen zwei einfach nicht zusammen und es ist gut,
wenn das Treffen früher als später zu Ende ist. Sollte Ihnen beiden das nachher
leidtun, dann gibt es sicher eine zweite Chance.

Interesse öffnet Menschen

Zum Kennenlernen gehören immer zwei. Zwei Lebensgeschichten, zwei Interes-
sengebiete, zwei Alltagsgeschichten. Manche verfallen bei Aufregung in Schweigen, andere in Redefluss. Fast alle Menschen reden gerne über sich selbst und
lieben es, Fragen zu beantworten, wenn das Gegenüber mit Aufmerksamkeit zu-
hört. Interesse öffnet!

Für mich ist nichts unangenehmer, als wenn das Gegenüber unter Hochdruck
seine Gedanken zum Besten gibt und völlig ohne Pause Geschichten erzählt. Ich
muss mich korrigieren: Im Coaching kann das hilfreich sein und Druck abbauen.
Dann höre ich gerne zu, dann lenke ich selbstlos die Gedanken zur Lösung hin.
Da werde ich dafür bezahlt, emotional geladene Themen herauszulocken und zu
kanalisieren. Wenn ich eine gleichwertige Beziehung aufbauen möchte, ist das
eine völlig andere Situation. Dann erwarte ich, dass das Gegenüber auch mir Aufmerksamkeit schenken kann. Das ist eine Form der Höflichkeit und Achtung.

Wenn Sie merken, dass das Redeverhalten zwischen Ihnen sehr ungleich gewichtet ist, dann können Sie das akzeptieren oder Sie bringen es aktiv ins Gleichgewicht (sofern Ihnen am Gegenüber gelegen ist). Sind Sie der stille Part, dann
fragen Sie: »Was willst du eigentlich über mich wissen?«, »Ich würde dir auch

gerne von mir erzählen! Möchtest du wissen, was ich über ... denke?« Einfach aufzustehen und zu gehen kann ebenfalls sehr heilsam sein: für die zuhörende Person aus Selbstachtung und für die sprechende Person, um ihr Verhaltensmuster zu hinterfragen.

Wenn Sie zum Sprechdurchfall neigen (also alles, was in Ihrem Kopf herumgeht, ungefiltert auf laut schalten), dann probieren Sie einfach einmal aus, was passiert, wenn Sie nichts sagen. Dreimal tief atmen – diese Pause wird jedes Gespräch verkraften.

Die Angst vor der Lücke ist bei manchen die treibende Kraft, bei anderen besteht chronischer Redebedarf (da hilft Therapie) und andere sind süchtig nach Aufmerksamkeit (was eine Form der Energiezufuhr ist) und nutzen jede Bühne. Sie können gegensteuern, indem Sie sich den Handywecker stellen, um auch den anderen zu Wort kommen zu lassen, indem Sie Ihr Gegenüber ermutigen, »Stopp!« zu sagen, wenn die Erzählungen ausschweifend werden, oder indem Sie zum zweiten Date mit einem Pflaster über dem Mund erscheinen ;-)

Es passiert häufig, dass sich zwei gegensätzliche Naturen finden und gut ergänzen. Im gelingenden Fall ist eine gegenseitige Achtung und Freude aneinander vorhanden. Die Vielrednerin sorgt für Unterhaltung und der schüchterne Zuhörer kann sich entspannen.

Ein gutes Gespräch ist wie ein Spiel. Jede Seite hat einmal den Ball, hält ihn eine Weile und spielt ihn wieder zurück. Mit dieser feinfühligen Version werden Sie immer gut ankommen!

Tipps:

- ♥ Persönliche Fragen stellen
- ♥ Nach der Meinung zu einem bestimmten Thema fragen
- ♥ Auch von sich selbst erzählen, damit aus einem Date kein Verhör wird

Wenn Sie bei einem Date sehr aufgeregt sind: Sorgen Sie für eine Pause! Auf die Toilette gehen oder die Sprachbox (angeblich) abhören, das bringt Sie wieder in Ihre Mitte.

Sex and Drugs

Kein (oder sehr maßvoller) Alkoholkonsum, keine Drogen, kein Sex, außer es geht Ihnen um den Rauschzustand. Sorry, doch dieser Leitsatz hilft, wenn Sie Ihre Sinne noch selbstgesteuert benutzen wollen. Alkohol kann zwar angenehm locker machen und lässt die Welt und besonders das Gegenüber anders erscheinen als nüchtern. Wenn Sie etwas anderes als das Erlebnis suchen, dann setzen Sie lieber auf die »nüchterne« Einschätzung. Dasselbe gilt für Sex. Beim Orgasmus wird besonders viel des sogenannten Bindungshormons Oxytocin ausgeschüttet, das ein Gefühl von Liebe, Vertrauen und Ruhe fördert. Wunderschön eigentlich. Und sinnvoll, wenn dieses Hormon die Mutter-Kind-Bindung fördert und so das Überleben der Art sicherstellt. Doch wenn Sie prüfen möchten, ob eine Anziehung von Mensch zu Mensch besteht, dann fühlen Sie klarer ohne zusätzliche Hormondusche. Sex und intensiv empfundene Zärtlichkeit lösen eine starke Bindung aus, die tagelang anhalten kann.

Außerdem: Wenn zwei eine langfristige Beziehung suchen und am ersten Abend im Bett landen, dann wissen beide: »Bei meinem Partner kann das schnell gehen ...« Sie werden sich in Zukunft sicherer fühlen, wenn Sie wissen, dass der Mann oder die Frau an Ihrer Seite nicht bei der ersten Gelegenheit zu haben ist.

Wenn Sie die Hormone nutzen möchten und auf Bindung setzen: Dann fahren Sie Karussell oder machen einen Ausflug zum Hochseilgarten. Oder Sie lassen die Dame wie Patrick Swayze bei Dirty Dancing in Ihre Arme springen – und fangen Sie! Nervenkitzel bindet aneinander. Ein gemeinsam überstandenes Abenteuer (und da genügt für den Anfang ein ganz kleines) festigt die Beziehung.

Flucht und Nähe

Die einen mögen Nähe: Bindung so schnell wie möglich, der größte Liebesbeweis ist der Heiratsantrag beim ersten Treffen. Andere fürchten Nähe und brauchen eine Behandlung wie ein scheues Reh (immer wieder laufen lassen, beständig Sympathie senden und keinesfalls einengen).

Wenn zwei zusammenkommen, die ähnlich funktionieren, gibt es meist kein Problem. Wenn scheu auf bindungsstark trifft, dann ist Fingerspitzengefühl gefragt.

  ♥ Zu welcher Sorte gehören Sie?
  ♥ Können Sie sich vorstellen, dass es die andere Seite gibt?
  ♥ Lernen Sie Ihr Gegenüber kennen. »Wie viel Nähe brauchst du?«, »Was macht dir Angst?«, »Wann fühlst du dich eingeengt/verlassen?«, »Wie viele SMS brauchst du?«

Ich war beides: scheu und bindungswillig. Ich fürchtete, wenn wir uns weiter einlassen würden, dass er dann (wie ich es immer wieder erlebt hatte) an mir klammern und leiden würde. Und ich würde mich nicht abgrenzen können, weil ich ihn ja doch mag – Krampf und Leid inklusive!

Jetzt kommt der Held in Fahrt! Nachdem ich ihm von meinen Seelenqualen erzählt hatte, innerlich auf Abstand, sagt dieser wunderbare Mann an meiner Seite doch tatsächlich: »Ach Eva, mach dir keine Sorgen! Wenn es leichter ist für dich, dann machen wir einfach ein Ablaufdatum für unsere Beziehung und schauen nachher, ob wir verlängern wollen. In drei Monaten ist Ostern, ein guter Zeitpunkt?«

Mit dieser Leichtigkeit hat er den Widerspruch zu meiner Angst vor Anklammern geliefert, und er hat mich im selben Moment ganz gehabt! Mein innerer Abstand hat sich in Magnetismus umgewandelt, der noch immer anhält.

Für alle Bindungsscheuen: Die Kelten hatten angeblich den Brauch, Ehen nur für ein Jahr zu vereinbaren. Danach wurde einvernehmlich verlängert – oder eben nicht.

Und so wie die einen Angst vor dem Festhalten haben, haben die anderen Angst vor dem Verlassenwerden. »Bis dass der Tod uns scheidet« ist das Versprechen, das Ruhe in die gehetzte Seele bringt.

Ein Held, wer flexibel aufs Gegenüber eingehen kann, und sich dabei selbst treu bleibt!

Schluss und Auftakt

Happy End

Ich bin so dankbar, dass dieser Mann vor mittlerweile elf Jahren in mein Leben getreten ist. Ein wenig ist es, als ob die gute Liebe den Film von schwarzweiß auf bunt umstellt. Es war nicht immer leicht und manchmal war die Liebe unter irritierenden Gefühlswogen versunken. Da war es hilfreich, mich selbst zu kennen, meine Gefühle zu fühlen und wahrzunehmen und mit verschiedenen Methoden (z.B. Verletzungen heilen S. 67) wieder meine Mitte zu finden. Vielleicht kam dieser Mann aber auch erst dann in mein Leben, als ich fähig war, die Beziehung meistern zu können.

Die Sehnsucht im Herzen zu haben, ist der Kompass. Egal wie verschlungen die Wege auch sein mögen, egal wie lang der Weg ist – es lohnt sich! Manchmal kommt man sich auf dem Weg zur Liebe wie auf dem Weg über einen Ozean vor. Die Richtung gibt die Sonne vor, aber ohne besondere Geräte und Wissen weiß man nicht, wie weit es noch sein wird. Im Sturm weiß man manchmal nicht einmal, ob die Richtung noch stimmt, weil sich alles dreht und es nur noch ums nackte Überleben geht. Manchmal ist es hilfreich, wenn, wie bei einem Marathon, eine Station mit Energiegetränken bereitsteht. Das trägt wieder eine Weile weiter. Und dann: nächste Station, nächster Sturm? Oder Land in Sicht? Mist, das war nur eine Insel. Macht nichts: ein wenig ausgeruht, aufgetankt und mit frischer Kraft voraus (und nicht mit Ärger die kostbare Energie verschwenden). Ich hoffe sehr, dass dieses Handbuch Ihnen Orientierung und Mut gibt!

Genießen Sie Ihre Reise und das, was das Single-Leben Ihnen an Möglichkeiten bietet. Vielleicht geht es im Leben nicht darum, immer den leichtesten Weg zu finden, sondern mit dem, was uns die Wetterlagen des Schicksals zumuten, auf die beste Art und Weise umzugehen.

Was Sie brauchen ist die ideale Mischung aus Mut und Gelassenheit, aus Herzenswunsch und Realismus und das richtige Maß an Gelegenheiten. Hören Sie auf zu suchen und wenden Sie sich dem Finden zu! Er oder sie kann plötzlich und unerwartet da sein. Jederzeit.

Den Nutzen nutzen

Mir geht es manchmal so: Ich lese ein Buch, bin inspiriert und froh über die guten Informationen und nehme mir fest vor, das in meinem Leben umzusetzen.

Und was passiert? Die Tage vergehen und irgendwann sind meine guten Vorsätze nur noch dunkle Erinnerung. Ganz menschlich.

Ich bin sicher, die eine oder andere Information hat Sie bereits verändert. Wissen macht etwas mit uns, ganz unmittelbar.

Wenn es bei Menschen um Verhaltensänderung geht, darum, alte Gewohnheiten zu verändern oder neue Handlungsmöglichkeiten in das eigene Leben zu bringen, dann kommt zur Schubkraft des Veränderungswunsches leider bremsend hinzu: die Trägheit der alten Gewohnheit und das Vergessen. Was stärker ist, setzt sich durch.

Sie haben das Glück, dass der Wunsch nach Liebe zu Ihrem Leben gehört. Dieser Wunsch wird sich immer wieder bemerkbar machen. Freuen Sie sich über die Sehnsucht, die sich manchmal schmerzlich anfühlt. Diese Sehnsucht ist Ihre Erinnerung, Ihr Ruf des Lebens, sie zu fühlen, Ihre Vision frisch zu halten und die Schritte zu gehen, die Sie für sich als sinnvoll erkannt haben.

Es ist gerade ein guter Zeitpunkt für einen Plan. Sie sind vom Lesen voll von Anregungen, Sie haben sich stundenlang konstruktiv mit Ihren Wünschen beschäftigt und sind ganz im Thema drinnen.

Damit Sie mehr als ein gutes Gefühl mitnehmen und Ihren Herzenswunsch wirklich erreichen, habe ich einige Vorschläge für Sie. Sie kennen sich gut. Wählen Sie mit Kalkül und Intuition Ihren Weg:

♥ Alle noch wachen und für Sie wichtigen Handlungsimpulse aufschreiben. Sie können einen Brief an sich selbst schreiben, nach dem Motto: »Liebe/r ..., ich habe gründlich nachgedacht. Was ich dir sagen möchte und was du auf deinem Weg unbedingt beachten solltest, ist Folgendes: ...«

♥ Wählen Sie eine Handlung aus, die Sie in den nächsten 48 Stunden umsetzen werden. Wenn Sie länger warten, ist die Gefahr extrem groß, dass die Idee im Sumpf des Vergessens und der guten Vorsätze hängen bleibt.

♥ Soll ein neues Verhalten Ihr Leben begleiten? Jede Woche zehn oder 70 Männer/Frauen ansprechen? Nur sieben Stunden pro Woche auf Partnerbörsen surfen und dafür drei Stunden mehr Sport betreiben? Eine Strichliste am Badezimmerspiegel, eine Terminserie im Kalender, mit einem Trainingspartner verabreden, den Fernseher in den Keller bringen – solche Aktionen helfen bei der Umsetzung.

♥ Oft hilft ein Ritual, um einen Neubeginn zu markieren. Der Zieleinlauf zu Ihrem Herzenswunsch beginnt jetzt! Ich bin sicher, Ihnen fällt etwas dazu ein.

♥ Und vielleicht deponieren Sie dieses Buch an einem Platz, der hin und wieder zum Blättern einlädt oder Ihr Kalender erinnert Sie in angemessenem Zeitraum daran, es wieder einmal zur Hand zu nehmen.

Im Anhang finden Sie Buch- und Filmtipps, Weblinks und Bonusmaterial. Manche Menschen sind große Sammler und lesen lieber noch ein Buch, bevor sie den oft unbequemen Weg der Umsetzung gehen. Andere freuen sich über stärkende Begleitung auf ihrer Reise.

Mein Rat: Machen Sie jetzt Ihren Tatenplan aufgrund der Informationen, die Sie nun haben. Und dann viel Spaß beim Vertiefen, Treibenlassen und Neue-Puzzle-stücke-Finden, die das Gesamtbild Ihres Lebens bereichern.

Ich wünsche Ihnen von Herzen ein Leben voller Liebe!

Anhang

Bücher und andere Empfehlungen

Persönlichkeitsentwicklung

Sabine Standenat: Liebst du schon oder quälst du dich noch? (geniale Kapitel für Singles, sehr witzig und wahr!)

Sabine Standenat: So lerne ich, mich selbst zu lieben (Bestseller und Beziehungsbasis!)

Dale Carnegie: Wie man Freunde gewinnt (alt, aber bewährt)

Karl Michael Pilsl: Erfolg durch deine Gewohnheiten (Audiobuch)

Gerti Senger: Liebeskummer – eine Chance

Stefanie Stahl: Jein!: Bindungsängste erkennen und bewältigen.

Marco von Münchhausen: So zähmen Sie Ihren inneren Schweinehund.

Free-Spirit: sehr empfehlenswertes Bewusstseinstraining (www.freespiritinfo.-com)

Partnersuche

Gary Chapman: Die fünf Sprachen der Liebe

Susan Page: Single bleiben? Ohne mich! Zehn Strategien für die erfolgreiche Partnerwahl.

Christian Thiel: Online-Kurs »Wer passt zu mir?« (www.EvaFischer.at)

Christian Thiel: Suche einen für immer und ewig. Wie Sie den Partner finden, der wirklich zu Ihnen passt.

Stefan Woinoff: Überlisten Sie Ihr Beuteschema (ideal für erfolgreiche Frauen)

Sexualität

Diane Richardson: Zeit für Liebe – von einem orgasmusbetonten Sexualakt hin zu einem bewussten und präsenten Liebesspiel

Flirten

Markus Dan: Wie Mann Frauen anspricht ... mit der Absicht, sie ins Bett zu bekommen« (Hörbuch; gut strukturiert und coole Tipps, auch für Frauen geeignet die häufig von den Falschen verführt werden)

Samantha Scholfield: Schnapp ihn dir, sonst tut es eine andere.

Gelingende Beziehungen

Helen Fisher: Anatomie der Liebe. Warum Paare sich finden, sich binden und auseinandergehen.

John Gottman: Die 7 Geheimnisse der glücklichen Ehe

John Gottman: Glücklich verheiratet? Warum Ehen gelingen oder scheitern.

Terri Orbuch: Die fünf Geheimnisse glückliche Paare. Verblüffende Erkenntnisse aus über 20 Jahren Forschung.

Marshall B. Rosenberg: Gewaltfreie Kommunikation – Andere besser verstehen und eigene Wünsche annehmbar vermitteln können.

Christian Thiel: »Was glückliche Paare richtig machen.« (Rezeptbuch guter Ideen!)

Christian Thiel: Online-Kurs »Grundkurs: Liebe und Partnerschaft?« (www.Eva-Fischer.at)

Unterhaltsam

Bernhard Ludwig: Anleitung zur sexuellen Unzufriedenheit (SeminarkabarettComic und diverse Beiträge auf youtube)

Filme

»Crazy, Stupid, Love.«: Crashkurs in Frauen-Ansprechen. Etwas übertrieben, aber grundsätzlich richtig!

»Er steht einfach nicht auf dich«: Beziehungskomödie

»Hitch – Der Date Doctor«: Extremes Beispiel, gute Tipps zum Umwerben

»Neue Liebe, neues Glück« (Originaltitel: »Something New«): Filmtipp für alle Frauen mit »Listen«, was die Männer erfüllen müssen

»Schwedisch für Fortgeschrittene«: Singlefrauen 40+, unterhaltsam!

Bonusmaterial

Sie finden umfangreiches Bonusmaterial zu Kennenlernplätzen, Links zu aktuell empfehlenswerten Singlebörsen, ein Script zum Ausdrucken als Arbeitsheft zu diesem Buch und vieles mehr auf www.EvaFischer.at/bonus

Ich freue mich auf Ihren Besuch, HERZlich, Eva Fischer!